高效閱讀

閱讀理解問思教學

許育健◎著

3個階段
* 文本分析
* 提問設計
* 教學規劃

2個原則
* 共同備課
* 公開教學

1個模式
* 閱讀理解問
思教學模式

推薦序 1

熟練閱讀理解模式，教學一次到位

◎柯華葳（國家教育研究院院長）

　　許育健教授又出閱讀的書了，相信很多讀者跟我一樣，急著打開來閱讀，找一找其中關於閱讀教學的方法。

　　在閱讀教育領域裡，大家對許老師不陌生，特別是他在南港國民小學服務時進行的「改革」。許老師由語文科試題的改變做起，推展閱讀策略，甚至導入科技的協助，他有一套完整的方法。一方面是他對語文教育的熱誠與投入，另一方面是他不疾不徐的說服力與領導力，讓老師們都願意起而行。

　　許老師的說服力來自他自身的經驗，不論是學術或是實作。海陸雙棲的他，在理論海裡優游，上了陸地則馬上可以操作。如許老師在書裡開宗明義所說，閱讀是學習的根本能力。不少老師聽到閱讀理解策略都深表贊同，也很熱心的介紹給自己的學生，敦促學生培養學習力以便厚植因應未來的實力。

　　然而在教室裡推動一段時間後，出現了一些瓶頸，例如有些學

生吸收不進去，因此有的老師說，閱讀策略是給優秀學生使用的；有的老師覺得這不過就是一些方法，內容比較重要，很快將策略放置一邊，沒有給學生熟練策略的機會。沒錯，若老師一一介紹閱讀策略，並不是很有趣，加上推閱讀理解策略時，常被閱讀理解測驗綑綁，老師們會發現疑問：該怎麼出評量題？囿於編寫好題目的難度，老師也放棄了閱讀理解教學，殊為可惜。

題目是為了認識學生的理解程度而編寫，是整體閱讀理解教學的一部分，但出題不是閱讀理解教學的最終目的。以學習投棒球為例，也許我們知道手指、手掌如何抓球，也知道手臂如何轉動，以及如何擺好身體的姿勢，但由身體到手臂、手掌，到手指全身肌肉的流暢運作，若沒有練習嫻熟，是做不到協調的肢體動作，使投球動作一次到位的。

以此觀之，閱讀策略當然需要練習，更重要的是不同策略之間需要協調運作，以理論作為上位概念，讓每項方法間產生關聯，使策略運用能夠流暢。許老師在書裡針對閱讀策略、閱讀理解、教學和評量有一整套的描述。其中他特別重視「提問」，提問與出題相互連結，更進一步來說，提問與思考連結，提問的目的在幫助學生思考，出題就不再只為測驗題目，而是要提出好問題，幫助學生提升思維層次。

　　閱讀本書就像聽許老師演講，娓娓道來，循循善誘，教你如何一步一步的做，你就會做到，因許老師過去就是以這一套方法帶著南港國小的同事、臺北市的教師、臺灣的老師，甚至對岸的老師，一起進行閱讀教學。您不妨試一試。

推薦序 **2**

閱讀問思，系統導引

◎陳欣希（臺灣讀寫教學研究學會理事長）

　　育健教授的這本著作，大家已經期盼很久很久了。

　　閱讀，在臺灣推動已超過 20 年。然而，2006 年的閱讀素養國際評比（PISA 和 PIRLS），讓大家重新認識「閱讀」這件事。

　　大家赫然發現：「原來我們需要教小孩如何『理解』」、「原來我並不知道要如何教小孩『理解』」、「原來我們大人自己的『理解』可能都需要再學習」……這也顯示持續學習、終身閱讀的重要性。

　　這幾年，許多講師馬不停蹄的到校分享閱讀理解之二三事，但，只透過短短幾個小時的交流完全不夠。尤其，當講師喚起教師們的學習動機之後，教師們不甘止於觀念的理解，教師們更想要教學的改變──落實問思教學、設計問思教材，有些教師甚至渴求理論的精進。

　　謝謝育健教授聽見大家的需求，挪出時間完成這本著作。

　　育健教授的文字如其演講一般——大量的比喻，拉近了讀者與理論之間的距離；清楚的步驟，讓讀者可按部就班的執行，降低了改變的難度。書中，更帶出一些學者的觀點，提供讀者不同思考的可能。

　　這本書，絕對無法略讀，需要精讀數遍；這本書，絕對不能純粹閱讀，而是需要在教學行動的前與後，持續的比對。若可以，請您邀約教學夥伴一起討論，效果會更好。相信，有了這本書，會讓大家在閱讀理解教學這條路上走得更順遂。

推薦序 3

遇見閱讀，創新教育

◎吳權威（臺灣網奕資訊科技集團創辦人暨董事長）

　　2011 年 8 月 11 日，與育健教授共同參加在中國大陸寧波舉辦的「兩岸同上一堂課」臺北寧波師生交流活動，這是我第一次觀摩「遇見閱讀」的智慧課堂魅力。（遇見和育健發音相同）

　　那次的課堂交流活動，採「同課異構」形式，兩岸語文知名專家均以臺灣國語課文〈珍重再見〉（原文為〈風箏〉，本書第 193 頁）為素材，進行教學觀摩。在臺灣育健老師的〈珍重再見〉語文課堂中，四十幾位寧波市惠貞書院五年級的小朋友，並沒有受到兩岸文化隔閡、簡繁文字差異等影響，孩子們很快就「適應」育健老師的課堂，並能全神投入課堂學習，積極參與討論。課堂中，育健老師的閱讀課善用提問，並適時應用「智慧課堂」輔具，引導孩子們參與學習，掌握每一位孩子的學習情況。這堂示範課，不但獲得兩岸教育領導、校長、老師、新聞媒體等的高度肯定，後來，育健教授也被聘請為寧波市江北區閱讀問思教學指導教授，定期到寧波市指

導語文骨幹教師，非常成功的以最快的速度，在寧波市落地實踐了他的閱讀理解問思教學的理念與模式。

「同課異構」，就像教育界的「武林」大會，不再只是高談闊論，而是透過課堂教學實踐活動，讓演出者「練武功」，讓觀摩者「學技能」。老師應該是「天生」的演員，只要有舞臺，只要能練武功，舞臺越大，武功就越高強。育健教授就是這樣的教育高手，不但具有深厚的學術研究修練，也有現場課堂教學實踐的真功夫。在育健教授的引導與帶領下，已經有越來越多老師願意開放課堂，進行公開教學，熱情交流與分享，誠如第七章介紹的共同備課和公開教學模式與實踐經驗，發展出由下而上（非由教育主管要求，而是由基層教師自主參與）的教育創新模式，而且力量越來越強大。

讀這本閱讀理解問思教學專著，猶如聽大師講故事，很輕鬆、很精采、深入淺出，易學易用。可以用「有理念、建模式、系統化」這九個字來形容育健教授這本書的教育創新思想與實踐價值。我是創業者，有十多年創新事業的經驗，工作內容也與教育創新深度相關，所以，關於如何把現代教育理念，逐步建立可複製、會擴散的模式，然後應用到課堂教學現場與教育場域中，有許多實戰經驗與深刻體會；也因此，特別了解育健教授從事教育研究發展應有的歷程，以及其助益教育創新的價值，所以，也就更期待這本大作的付

梓。這本書，深度融合了閱讀、理解、問思、教學策略等理念，並經過多年試行驗證，建立了可複製、會擴散的教師專業成長與教學模式，有系統的協助教育單位組織校內、校際、學區等不同影響範圍教師專業社群，讓這套先進的教育理念與教學模式，能以更快速的形式有效的傳播、擴散開來。

如何善用這本有理念、有實踐方案的教育創新鉅著呢？它除了可以用來幫助第一線教師專業成長之外，學區領導與學校領導更應該深思這項議題，因為，教育創新和科技創新一樣，要經過「大規模、常態化、出成績」的考驗，才能通過教育創新的「死亡」之谷，變成主流價值，成為習慣、文化的一部分。教育創新能否成為學區或學校標準化流程（SOP）一部分，首先要考驗是否能被「大規模」或有系統（全學年或全學科）的導入，不只是作為單一或少數老師的特色課程。「常態化」考驗，則是這套理念和模式是否能發展成為學校的校本課程與校本模式，真正成為學校教學文化的一部分。「出成績」考驗，則是要證明在自己的學校或學區內，大規模、常態化導入這套理念與模式後，學生也同樣可以獲得更好的學習成效（outcome）。

感謝育健教授為我們點亮一盞明燈，指引我們教育創新的努力與發展方向，讓我們可以少走彎路，勇敢邁向智慧教育的康莊大道。

讓閱讀成為競爭力

這本書，其實已經晚了一年才完成。

兩年前，就想把演講或上課的內容整理成書，卻因為工作忙碌，總是給自己充足的藉口（就是忙不過來呀）。不過，回想起來，促成我積極整理撰稿的契機，源自於去年一通關心的電話。

Power問：「育健，這十年來，有沒有算過，你講了多少場的演講？」

（我還真沒算過呢！只好看看自己的一份紀錄，上面一行一行簡單的記著日期及縣市學校。會這樣做，是怕記憶力極差的自己去過了相同的地方卻全然不知，因為這種事曾經發生過多次……認識我的都知道，我出了門口就會迷路。）

我數了一下，回應說：「至少，三百多場。以時數來說，一定超過一千個小時了。」

（嗯，感覺有點小小的成就感呢！）

Power 又問：「那，像這樣手把手的去國內外演講或帶實作，你會不會覺得累？」（「手把手」的意思是：親自帶領，一步一腳印。）

我：「呃……，跟別人分享自己一些心得與作法，是快樂的。（然後，我頓了一下）說實話，南奔北走，經常講一些類似的內容，有時會覺得疲倦（雖然聽過我課的老師們大多表示很有收穫、有趣幽默之類的）。然而，有些研習是學校安排讓老師們不得不坐在那裡聽（如大多數的國小週三教師進修），我自己講得激動投入、口沫橫飛，臺下的老師可能正認真的批改著一本又一本的作業（老師們要處理的雜事與工作實在很多，難得有個完整的時間可以運用……我懂，真的），在這樣的光景之下，我的確也會感到無奈。」

Power 再問：「那你有沒有想過，用更有效率的方法來傳播你的想法？比如建立可複製的模式，加上翻轉課堂的概念（用白話說，就是學習者必須先預習）。」

我默不作聲，心裡想，然後呢？

Power 也停了一下，他知道我在思考。然後說：「寫下來吧！寫書，讓有志於精進閱讀教學的老師，透過你的文字，擷取觀念與學習作法。若某天他們真的需要你手把手的去帶領，你的出現才會讓學習是高效的，因為他們真的想學。」

真是一語中的！我向 Power 道謝（真是我的貴人）。接下來的日子，我就利用課餘時間，讓這本書漸漸成形了。

這本書，其實累積我多年的閱讀思考、協作與實作演示的結果。

原本，十餘年臺北市國語文領域輔導員的經歷，在輔導團內諸多高手的指教之下，讓我專注於語文教育的課程與教學，尤其是語文能力的建構觀，以及國語文教材的研究。直至 2010 年，因緣際會，參與了教育部的一個閱讀理解專書編寫的專案，在潘慶輝校長及戴慧茹主任的行政支持下，與劉振中老師、連瑞琦老師、林冬菊老師、吳燕燕老師等優秀的夥伴一起編寫；其間，柯華葳教授多次親自指導，並引介邀請陳欣希教授的加入，讓我們對 PIRLS 等國際閱讀檢測有了更進一步的了解。經過半年多的努力，我們終於在 2011 年將此書付梓，書名為《閱讀理解──文章與試題範例》由教育部印行，發送至全臺小學的中高年級老師，人手一本。此書配合全臺各縣市的實作研習，引起了許多現場老師的回響。

《閱讀理解──文章與試題範例》這本書編寫了仿 PIRLS 的文章與試題（含評閱方式），也對當時國內各校的閱讀理解測驗產生一定的影響。然而，學校許多老師提出他們進一步的需求：要如何設計？如何教學？於是，在教育部的支持下，時任臺北市明德國小林玫伶校長主持另一個閱讀專案計畫，引領我們原本的這些夥伴，

並加入謝艾士老師、吳美美老師，以及柯雅卿老師三位閱讀教學高手。經過一年的努力，我們在 2012 年出版了《閱讀理解——問思教學手冊》這本由教育部印行的閱讀教學專書（限於經費，此書只發送全臺小學每校兩本）。當時我的任務，除了協同編寫部分內容，也負責寫此書的〈前言〉（亦即設計理念），完整的陳述了閱讀理解問思教學的理念、目標、特色，並說明如何為不同程度的學生設計 ABC 方案（與「差異化教學」有相似的概念），也簡述如何進行文本分析、教學設計，以及如何評估學生學習與教師學習。此書為現場教師提供了具體的教學示例與作法，也頗受好評。

　　就我而言，在參與這本書的編撰之後，讓我對閱讀問思教學有了整體性的架構，更加肯定我對閱讀問思的價值與推廣的信念。再者，2013 與 2014 這兩年，受教育部的專案委託，與陳欣希教授共同主持「國民中學推動晨讀運動計畫」，親赴各縣市許多國中推動閱讀的觀念與作法，加上十二年國教明示：閱讀乃為國民基本素養之一，值得教師們積極投入，以成就學生的自主學習能力。此外，經過近幾年的演講分享、實作研習與教學演示，也從現場教師、家長、學生的對談討論之中，獲得許多寶貴的經驗與想法，我認為有必要把一些閱讀教學實務的內容經由系統性的整理，盡可能的呈現在這本書之中。

這是一本醞釀五年的書，是將我個人對於閱讀教學的思考、經驗與知識轉化成文字的結晶，期待透過您的閱讀與解讀，與您分享。此外，疏漏難免，也請不吝指教。

於 2015 立春

目錄

如何建構「閱讀問思 321」？

閱讀的議題一直以來不僅是教育界重視，也為社會大眾所關注。102 年結束了末代的國中基測，接續的十二年國教值得期待。無論如何，有個大方向是明確的——希望人人都能適性適所的進入高中或高職就讀，在升學管道多元、升學壓力相對減少後，學校的評量或許就不必如以往完全配合基測目標做設計與練習。近年來，教育當局與老師們越來越重視閱讀理解，因為這是學習的根本能力，更是國際教育發展的趨勢，這不僅關乎國家教育，更關乎我們下一代在巨變世界中應對的能力，這是我們必須重視和努力的嚴峻課題。

閱讀理解，談起來容易，人人皆可說上兩句，也可以發表相關看法；然而，研究起來，卻是相當不容易，因為閱讀理解的歷程，很難被看見。除非透過觀察、訪談、文件紀錄、實驗對照、或者評量工具等，才能略知一二。閱讀理解問思教學乃希冀透過良好的提問設計，提供學生運用相關閱讀理解策略，對文本進行思考與討論，

在此歷程中漸次提升學生的閱讀理解能力。

　　「閱讀問思 321」，教學精進很容易！唯有建構校本模式，方能久遠擴散。只要——

　　3 個階段：文本分析→提問設計→教學規劃

　　2 個原則：共同備課 + 公開教學

　　1 個模式：「閱讀理解問思教學模式」

就能實現完整的「閱讀理解問思教學」。別遲疑，且讓我們課堂實踐，齊步同行，一點一滴，提升學生閱讀理解力！

Chapter 1

緒論：關於「閱讀」

　　關於閱讀，有太多的說法。無論如何定義，我始終相信：閱讀是理解與認識自我的歷程。以下，將整合相關研究，分享個人對閱讀的所知所感，作為本書閱讀之旅的開端。

閱讀，太近了，也太遠了

　　從事「閱讀推廣」多年，經常回答許多與閱讀相關的問題，尤其關於閱讀能力的重要性，我常以「閱讀，太近了，也太遠了」這句話來代表。閱讀離我們很近，廣義的說，在日常生活中我們無時無刻（只要張開眼睛）都在閱讀，小至手機簡訊、傳單、馬路上的招牌，大至報章雜誌、長篇小說……等。或許就是太貼近了，理所當然的認為所有的人都已經學會閱讀了，而且也認為大家都能正確而完整理解所閱讀到的文字訊息。從另一方面來看，近幾次臺灣學生在國際閱讀素養評量成績（PIRLS ／ PISA）的表現似乎與我們的認知不同。此外，根據中華民國 102 年 3 月文化部統計報告指出，臺灣每人每年平均閱讀兩本書，遠遠落後日、韓的平均閱讀量。從這些評量或閱讀量看來，似乎閱讀也距離我們的生活很遙遠。

閱讀猶如旅行

　　每個人或多或少都有旅行的經驗。若以旅行的形式來分，有「下

車拍照、上車睡覺」的團體旅遊，也有「機加酒」的半自助旅行，
另外還有「背包客」的自助旅行。閱讀理解的深淺，非常類似不同
形式的旅行。

　　閱讀引導者（如學校老師或家長）與讀者的關係，猶如導遊與
旅客；不同的引導方式，就會有不同風景與經驗感受。團體旅遊式
的閱讀，重點在於引導者的說明與指示，好的引導者可以在最短的
時間內，有系統性的讓讀者獲得最大量的閱讀經驗值。其次，半自
助的閱讀，有賴於引導者與讀者的共構；引導者關注在整體架構的
規劃與細節重點的提醒，然而，旅點與旅點之間的閱讀經驗，主要
來自旅者的自行理解與建構。最後，自助旅行就是成熟的讀者所進
行的「自主閱讀」了，通常是以「穩定而不自覺」的閱讀歷程來進
行，著重在主題性（其實是一種偏食）與廣泛性（發現自己不知道
的新訊息）的閱讀旅程，大部分是因應工作所需或興趣所在的閱讀，
逐漸擴大自己所認知的世界。

　　以國小中、高年級的學生而言，閱讀能力的建構，主要是透過
前兩種閱讀旅行的方式來進行，在閱讀學習的過程中，由師長「明
示性」的講述，漸至「暗示性」的引導，這一路走來，其實是需要
付出許多時間與精力的。誠如我們所認知的，閱讀素養是指孩子在
日常生活中具備閱讀所需的基本能力，包含能理解並運用書寫語言

文字的能力，以及能夠從各式各樣的文章中建構意義等。有點難懂？
簡單的說，我們的孩子無論在何時何地，只要遇見文字或圖表的訊
息，都應該能「自然而然」的「看得懂」這些訊息所表達的意思（也
就是達到閱讀自助旅行的階段）。

　　出發吧！帶領孩子去閱讀，誠如澤木耕太郎在《旅行的力量》
中所提：「不要害怕，但請一路小心。」要孩子們勇闖閱讀的世界，
只要帶著師長的提點與祝福，這廣闊世界的美，就在眼前。

閱讀經驗的傳授

　　我們的中小學教師都非常優秀，在當上教師之前都是師大師院
或其他優秀大學、研究所並接受完整教育學程養成而畢業，其後通
過種種甄選、出類拔萃的菁英。這些教師們本身在讀書學習上都很
有方法。教師的工作內容雖然繁複，但為了增長專業知識，讓教學
更多元化，勢必會以不同形式進行閱讀。「閱讀理解能力」對他們
而言，已經是內化並自動化的能力，可惜的是，他們並不會覺得「理
解」是個困難或問題，甚少有機會揭露或重述自己內在自動化的理
解過程，來讓學生了解教師是如何進行閱讀理解的。加諸過去在升
學考試優先的價值觀之下，即使知道學生需要培養理解能力，但在
課程進度的壓力和考試評比的現實情況下，轉而只教導孩子如何在

考試中記得或推算答案，取得高分就好，至於學生所需要的多元深化的理解能力，往往未能在課堂中落實。

其實，以今日而言，「閱讀理解」這個議題，在社會雙峰現象漸趨明顯的同時，已觸動了許多用心教學的老師，他們覺得似乎應該把自己的成功經驗轉化成孩子也可以具備的能力。此外，許多老師心裡很清楚，在各學科的學習中，如果孩子的閱讀理解能力沒能被引導發展出來，也就無法真正展現自己的潛能，甚至應付多元開展的社會。老師給學生的知識是非常有限的，但是當學生擁有閱讀和理解能力時，將可自行探索無限的可能。

閱讀和旅行有非常相似的地方。當我們走入小巷，走錯路，乃至於迷路，都是一種旅程，一種學習，也是一份收穫。閱讀也是如此。所以，教師們在教學的過程中，其實可以放慢腳步，然後告訴學生：「告訴你們喔，我在這部分的閱讀理解歷程是什麼？我怎麼幫助自己理解一些不太懂的內容？」為了向學生分享自己的閱讀經驗，老師便會回想當初自己一步一步的閱讀歷程。接著，就可以整理一份學科閱讀指南訣竅，帶著學生透過自身的閱讀經驗，重新感受學科知識學習的歷程，甚至可以分享一些失敗的閱讀經驗給孩子，這些都是非常寶貴的。

讓孩子知道你怎麼做、怎麼想

關於閱讀理解的重要性，最難說服的對象，其實是「教師」或具豐富閱讀經驗的家長。因為大部分老師在這方面都沒有太大問題，所以要他去察覺閱讀理解過程中會遇到的障礙並不容易。不過，一般人總是要離開熟悉的環境才會覺察到自己能力的不足，比如要讓國文老師了解閱讀理解歷程，我們可以利用專業的物理化學領域文本內容，如此一來，國文老師會感覺產生閱讀理解的困難，如果我們問他：「你怎麼解決你在讀這篇文章所遇到的困難？」通常老師就會想辦法，然後說：「有方法一、方法二……。」通常我會回應：「對啊！幸好你擁有過去許多背景知識與解決問題的經驗，所以你知道可以如何解決，但知識經驗不足的孩子們，就很難思索出解決閱讀困難的方法。」這就是老師指導閱讀的盲點和學生學習時常見的困境。

帶孩子發現和觀察自己

從當今多項認知科學的研究中，我們知道，成熟的讀者在認知過程中有一個特別的覺察能力，就是能在閱讀的過程中注意自己的閱讀思考與行為，也就是所謂的「認知監控」或「後設認知」。閱讀能力越成熟的人，越可以發展出後設認知——他會監控自己閱讀

時，到底遇到什麼樣的狀況？就好像後面有一臺攝影機拍攝自己做了哪些行為或進行什麼樣的思考，結束之後甚至會重新檢視閱讀時的所思所行，例如：「咦，我這個地方不太順，我可以怎麼做呢？喔！我想到了，我可以尋求相關資源。」

但中小學階段的孩子，如果沒有透過特別的指導，這項能力可能還沒有發展成熟，所以很需要優秀的讀者（通常是老師或家長）給他提示：「你剛剛怎麼做的？會這麼想的原因是什麼？這是你要的結果嗎？接下來可以試試什麼方法呢？」

過去我們所接受的教育從來沒有告訴我們，未來會遇到什麼困難，因為這個世界變化太大、太快了，猶如小時候根本無法想像有電腦、手機這些東西，但現在的世界卻隨處可見。所以，我們現在能教導孩子的，絕對不是未來會如何如何，因為未來其實是由這些孩子創造的。我們可以給他們的是，當遇到困難時，需要讓自己理解這個世界時，可以有什麼方法？這就是當今閱讀教育真正的核心與目的。

以閱讀理解成就閱讀素養

近年來，各界經常提及「閱讀理解」或「閱讀素養」，這兩者有什麼樣的關係呢？我們可以試著把「閱讀理解」的「理解」當成

動詞，也就是說你在閱讀的過程中，要思考：我究竟理解到什麼？如何理解？為什麼要理解？這就是閱讀理解可以關注的幾個部分。藉由這些不同理解歷程的分析，我們可以去解釋一個人在閱讀的過程中到底吸收了多少訊息，從文本中給予經驗上的改變為何，如同吸取文本的營養到達自己的腦部，產生個人知識經驗「質變」的過程。在這個過程中，你可以把提問當成是一種方法或策略，將此手段具體化，就能讓閱讀的內容產生不同層次的理解。

「素養」一詞在英文中是「literacy」。這個詞以一般英漢字典解釋，即注解為「讀寫能力」。可是，原本的「讀寫」一詞為什麼會變成「素養」？因為過去的人，認為能讀、能寫就代表這個人相對於他人，對於這個世界的理解已經能夠超脫眼前景物，具有不同的觀點，或更高層次的理解了。就這樣一直發展下來，「素養」這個詞的意思就代表一個人對於這個世界的理解能力與掌控能力。

因此，「閱讀素養」這個詞彙，比起「閱讀理解能力」一詞來說，素養的層次就更高些。閱讀理解能力是指某人有一些具體的方法或策略，能提醒他在閱讀時可以怎麼做，以協助自己取得更多的理解。閱讀素養則是除了閱讀理解能力的基礎之外，更要將這些能力展現在日常生活的各類文本閱讀之中。換言之，讀者在面對生活中的閱讀任務或需求時，要能觀照自己、提醒自己正在進行閱讀理解，讓

自己擁有一個更完整看待世界萬事萬物的能力。古希臘有一位哲學家名叫普羅塔哥拉斯，他講過一句話：「人為萬物的尺度。」以閱讀素養的角度而言，意思是當你具備完整的閱讀理解能力時，你就成為這個世界的尺度，你可以用自己的知識去度量這個世界的某些現象，這其中包含了你的哲學觀、你的經驗、你對於這個世界的詮釋。所以閱讀素養是最外圍的能力，是一個人全然處世的能力之一。

閱讀素養是看待世界的能力

閱讀素養就是一個人看待世界的能力，這是多方面整合的能力。可能是從聆聽、從閱讀……等不同取徑來認知這個世界，其對象不完全只停留在白紙黑字的文本中，也可以藉由視聽媒介來獲取訊息。而且，**閱讀素養與自學能力密切相關**。自己透過一些已有的能力與途徑去了解這個世界，叫做「自學」。然而，自己想要去了解這個世界，總要有一些能力，而且這些能力往往不是單一獨立的。比如，現在想要去環島，要實地了解與認識臺灣，但是，「環島」這件事可能會涉及多種能力的整合應用：

- 要怎麼環島？要從哪裡開始進行？
- 是不是要有計畫、有張地圖？
- 要從東邊繞到西邊，還是從西邊繞到東邊？

．交通工具有腳踏車、機車、自己開車、公車、飛機⋯⋯等。

　　諸如此類，每一樣都需要充分理解並作決定。比方說，要採取單一交通工具，或者混合各種交通工具？無論是紙本閱讀或網路瀏覽，都需要透過閱讀理解能力來幫助我們了解與探索。所以，閱讀素養本身就是多重能力的一個整合體，就像是魔術方塊，各個部分都只是整體的一面，只是在面對問題時，你可以決定要展現什麼面向而已。國內學者柯華葳教授曾說：「閱讀素養就是一種自學能力。」因為自學能力不是單一方法或技巧。猶如自我探索、獨自旅行，你不會只需要一種技巧去面對多種困難。所以閱讀素養即是所有閱讀能力的整合，它將成為一個人能否從容應對這個世界重要的條件之一。

閱讀理解，就是自我認知回應的歷程

　　當我們面對陌生的情境，如何尋找正確訊息，透過統整訊息後，跨越障礙以解決問題，這部分的能力就很重要。其中，閱讀理解能力（或閱讀素養），就是幫助我們在領域學科學習過程中跨越障礙，獲得知識的重要能力之一。例如，我們為了學習天文星座的知識，為了跨過理解的障礙，可能會選擇去聽相關課程、會去請教別人，以最有效、最快速的方式增加自己在這個領域的了解。另一方面，

也可能會透過資料搜尋，檢索一些資訊來幫助自己了解，例如：「什麼叫做夏季大三角？」不懂就查詢，甚至聚集同好來討論或參加讀書會等。其實，當我們把這些方法放回到自己的閱讀與學習過程中去思考，就會發現閱讀理解的過程，就是不斷幫助自己解決學習困難和障礙的歷程。

閱讀是生命的出口

　　關於孩子的未來，成人已經不能有所預想了。以目前許多成年人來說，小時候（三、四十年前）都不知道長大後竟然會跟電腦、網路成日為伍；甚至以前的大人總期許小孩能做個「拿筆的」，其實很多人現在已經很少有機會真正拿筆寫字了，卻也是在從事文字相關工作（如記者、文字編輯）。所以，未來世界會怎麼變化，其實我們是無法想像的。我們無法只憑舊經驗傳授給孩子，告訴孩子以後只要用我們的舊經驗，就足以應付未來的世界。因為世界生活面貌的改變，就像涓涓細流，逝者如斯，不可能停止，也無法停止。讓孩子面對未來多元轉變世界的方法之一，即是透過閱讀讓他們能夠思考，有能力去理解所面對的陌生事物。否則，如果只是讓孩子一直記憶過去的事物，那麼跟他們未來的生活不一定直接相關。所以，閱讀的意義在於讓孩子知道這個世界是什麼，如何去看待這個

世界，以及為什麼要用這麼多的角度來看待這個世界，以因應許多未知，或者對未來的期待。

身為老師或家長，必須要提供一定的空間與時間，讓孩子進行自我閱讀的探索。失去閱讀機會的孩子，很容易成為被大人控制的戲偶，拉這條線才動手、拉那條線才動腳，相當於失去讓自己親身拓展眼界的機會。

再者，對孩子而言，閱讀也是生命的一個出口。尤其是中學生，他們對於這個世界的模糊界線，其實有很多的不解或不滿，而閱讀的歷程，正是他們真實面對自己的過程。雖然閱讀看起來只是跟文本在互動，但其實過程中，腦海裡充滿自己與自己的對話，很真實的面對自己。因此，透過閱讀可以讓自己更認識自己，並思考過去與現在、甚至未來應該要如何去嘗試、探索。學會閱讀，也學會與自己相處。

閱讀讓知識有了溫度

學科的學習與閱讀理解能力有關係嗎？其實，學會閱讀的孩子，會發現國語或國文科的學習，與閱讀理解的學習有些差異，也會發現閱讀理解的方法與策略似乎可以用在其他學科領域上，這其實是很棒的發現了。閱讀教學的目的與語文教學有些不同，其中之

一，就是閱讀理解是跨學科領域的，不只是語文學習而已。

　　以中小學推動的晨讀運動為例，學校實施晨讀的關鍵人物，就是陪伴孩子閱讀的級任老師。尤其是國中的導師，通常是由主要的學科（國、英、數、理化等）老師來擔任，比較起來，國文老師會較得心應手，因為國文與閱讀的關係密切。如果是其他學科的老師擔任導師（例如數學老師），在實施晨讀的過程中，教師自己會想：「我以前是用學科角度在進行教學，都是透過計算、解題等方式，協助學生建構與理解數學的世界，而現在有了另外一種途徑，就是科普閱讀。」於是，這位數學老師就會把數學家傳記讀物介紹給學生。在這個過程中，學生會發現原來數學故事這麼有趣，比如畢氏定理，當初這個數學家是在什麼契機下發現的？如何研究出來的？藉由這些文章，可以將本來很生硬、很技術性的內容增加些許人文的溫度。

　　其實，世界上所有事物的學習，都不該是僵化的，無論是數學、物理、化學等各領域，科普讀物會讓學生更親近這個學科領域，也會發現這些學科原來是有人味兒的。因此，如果老師發現孩子在數學、物理、生物等領域中深鎖眉頭，在經由導入科普讀物後，即可發現學生可以自發性的享受學科知識；亦即用另一種方式讓孩子理解這個學科的世界。

從更廣博的角度來看，每一個學科都代表一種看世界的角度，不管是數學的世界、物理的世界、化學的世界，或者藝術的世界，各學科領域就是用各自的元素或法則來看待與詮釋這個世界。以往的學科內容都比較偏理性知識的架構，現在如果可以從廣泛而多元閱讀的角度來引導學生，學生將會感受到這些學科其實離我們並沒有這麼遙遠，會發現原來發明這個原理、公式、法則的人也是普通人，這些原理或公式可能是他在日常生活中的一個靈感，經由許多奇妙的巧合或堅持的努力，創造出一個改變世界的定理。類似這樣的體悟，對學生而言很有啟發性，尤其是對於正在尋求人生方向的青少年更有助益。

大量閱讀就像在打基礎

大量閱讀重要嗎？以目前學生的課業壓力而言，在課餘還希望學生能多閱讀教科書以外的讀物，甚至導入閱讀與學科課程相關的延伸內容，的確會增加學生的閱讀量。然而，**能否成為一個優秀的讀者，具有強大的閱讀理解能力，大量閱讀是一個非常重要的條件。**如果你的眼前只有三本書可讀，那麼就算你再怎麼有多元的閱讀技巧，這三本書帶給你的影響總是有限的。我們可以想像一個畫面，假設閱讀的成果是一座金字塔，大量閱讀就是擴大金字塔底下的正

方形，那底下的面積越寬廣，往上的發展可能性就越高，閱讀的成果也就更豐碩。也許你會問，難道閱讀不能像臺北 101 大樓那樣高高尖尖的嗎？那這樣表示你可能忽略了 101 大樓基地有多深，這就像某些特殊專業領域的閱讀，仍須以深厚的基礎成就高遠的視野。因此，大量閱讀的過程就像是在蓋一座偉大建築的過程，在條件許可下，應該鼓勵孩子大量而多元的閱讀，意思是有時間就讀，而且要多讀不同領域的書，當然也可以針對某主題進行閱讀。在這基礎之上，只要孩子漸進學會了一些閱讀理解策略，就可以讓閱讀產生更大的效益。

廣泛閱讀孕育跨界創意

　　「創意」（idea）或許來自靈光乍現，「創新」（innovation）卻往往是透過跨界重新組合才會產生。所謂「跨界」，就是在不同主題間挑選素材，然後融合不同的元素形成一種新形象、新見解或新功能。舉例來說，超現實主義畫家達利（Salvador Dali）的作品，就是把世界上不太可能聚在一起的種種事物，透過他的視角重新詮釋整合，產生了新的意涵，甚至帶有諷刺意味。閱讀也是如此。當你在不同領域間廣泛閱讀，揉合自身的經驗時，此刻，閱讀理解就是那個篩選的網子，有好的閱讀理解能力，就能夠篩選出對自己有

價值的內容，若再加上有機的組合，就會形成創意，當它真正能改變事物時，創新就會產生。因此，廣泛閱讀，不僅是閱讀理解能力精進的重要條件之一，更可能是創意或創新的基礎。不過，值得提醒的是，能否順利且持續的進行廣泛閱讀，關鍵還是在於是否具有不同文類的閱讀理解技巧。

教師是閱讀旅程的最佳嚮導

　　如果說大量且廣泛的閱讀像是在建造一座偉大的建築，那麼閱讀理解的過程就有點像在登山了。每個人多少都有登山的經驗，每上一層都會發現，本來眼見的事物有了不同，因為有了不同的「觀點」。甚至能夠重新俯瞰並審視本來所處位置的樣貌，進而產生新的理解，這也是所謂的「登泰山而小天下」的道理。**閱讀，就是不斷的讓自己的視野拓展的歷程。**如果無法透過多元的理解，就只能一直存在於自己的小小世界而已。

　　教師在孩子閱讀的過程中，要扮演什麼角色呢？以前述登山為例，到住家附近五百公尺的小山，與挑戰臺灣近四千公尺的最高峰玉山，所需要的能力與設備顯然是不同的。當孩子只是想散步的時候，只要給他「時間」及簡單的裝備，或許就可以登上小山；如果想挑戰玉山，沒有優秀的嚮導，少了堅實的登山能力與完整的裝備，

想必難以完成任務。在閱讀的旅程中，教師就是最重要的嚮導。

　　閱讀理解的歷程，可以比喻成旅行。在旅行過程中，剛開始若有一段時間可以自由旅行，也許就會心滿意足；接著，可能會想要有計畫的深度旅行，希望更了解這個世界。這些不同層次的旅行目標，就是不同的閱讀目的。教師可以幫孩子規劃自主閱讀的時間，其次可以引導孩子閱讀方向（許多孩子面對一段自主的時間，常常不知道自己要做什麼）。老師可以選一本適合他的書，對他說：「我認為這本書還滿適合你的，試試看吧！」

　　如果孩子開始主動取書閱讀，老師就可以進一步告訴他：「你可以評估一下，自己最喜歡哪一類的書？從自己生活中最常接觸、容易取得，或者自己最好奇的部分開始。即使是星座書和武俠小說都可以，就從有興趣的類別先開始讀。」

　　其後，當他開始進入主題閱讀時，其實已經在進行有計畫的知識旅行了。當孩子有了持續閱讀的習慣時，老師可以再建議學生：「除了你經常閱讀的這些書之外，你應該挑戰一些不一樣的、有一點難度的閱讀，一起探索新的世界。」

　　教師的任務就是當學生的閱讀嚮導。當然，前提是教師本身有閱讀習慣與視野，如同身為嚮導，能夠不先行探勘嗎？甚至，曾經對閱讀的內容感動，才有辦法以豐富、有趣、生動的方式，帶領這

一群讀者體驗閱讀的風情。因此，教師應該是閱讀的「先行者」，而且要能夠更深入的閱讀。教師的閱讀，加上豐厚的人生經驗，將帶給孩子更多不同角度的觀點。

樂趣與能力並重

在推展閱讀教育的過程中，「均衡」是一個很重要的原則。至少有兩方面要取得均衡：一是樂趣，二是能力。

其一，讓孩子在閱讀過程中體會到樂趣，這是不可或缺的一環。有的人就喜歡看時尚雜誌，有的人就喜歡看武俠小說，有的人喜歡看文學詩作，如果沒有兼顧到閱讀的樂趣，閱讀行為就很難持續。

其二，站在培養閱讀能力的觀點，建議學生在學習閱讀時，可以從他現在所學的領域範圍延伸開展。如果學生不知道要讀什麼，教師有責任給予建議書單（這是教師專業的一部分）。比如說，國文科有篇著名的〈再別康橋〉，除了這篇經典散文外，可以介紹學生同時看徐志摩的《落葉》、《巴黎鱗爪》、《自剖》等書，甚至閱讀他的傳記，而非只有一篇文章。數學也是一樣，創造數學公式原理的人太多了。數學老師可以找數學家的傳記，或者科普文章，甚至漫畫形式的內容也可以，只要跟數學相關，學生便能用不同方式認識這個學科領域，增長閱讀該學科知識的能力。

　　兼顧樂趣與能力，是學習閱讀或閱讀學習的重要原則。最基本的條件是，規劃一段時間讓孩子能自主閱讀，除了鼓勵孩子閱讀有興趣的讀物外，也可以提供建議書單，這便是考量閱讀樂趣之外，還兼顧拓展其多元閱讀的視野。猶如一名自行車選手，除了各種駕車技術學習之外，其基礎體能訓練也是必要的，他可能需要在健身房不斷以各種方式加強肌耐力，雖然不見得有趣，但這些卻是必要的學習與練習，這就是閱讀能力的增強。而枯燥的訓練過程中，如果行經景色優美的山林小徑，便可以自由探索，享受自在的樂趣，如此可兼顧能力與樂趣。閱讀，亦復如此。

📖 閱讀進化特區

優讀者，通常使用哪些策略？

「優讀者閱讀時使用了哪些策略？」這個問題始終令人好奇。Duke、Pearson、Strachan 與 Billman（2011）在其閱讀教學研究專書中有所討論。該書主要在探討促進與教導閱讀理解的必要要素有哪些，文章關注了十個有效閱讀理解教學的要素，分別是：(1)建構學科和世界的知識；(2)提供可接觸文本的數量和範圍；(3)為閱讀提供激勵的文本和相關背景；(4)教導閱讀理解策略；(5)指導文本結構；(6)讓學生參與討論；(7)建立詞彙和語言知識；(8)整合閱讀和寫作；(9)觀察和評估；(10)差異性教學。其中，也提及優讀者閱讀時做了什麼。

優讀者在閱讀時做了什麼？

√	優讀者是主動的讀者。
√	從一開始，他們對其閱讀就有明確目標在心中。他們不斷對文本和他們的閱讀是否滿足其目標進行評估。
√	優讀者通常在閱讀前會先查看文本，並指出文章的架構及文章的段落，哪些是與其閱讀目標最相關的。
√	當他們閱讀時，優讀者經常會對即將有什麼做出預測。
√	他們有選擇性的閱讀，不斷做出有關閱讀的決定，如：什麼要仔細的讀、什麼要讀快一點、什麼不需要讀、什麼要重讀等等。
√	當優讀者在閱讀時，會針對閱讀所得的意義進行建構、修改以及提問。
√	優讀者會嘗試在文本中取得不熟悉字詞或概念的意義，若有需要，他們會處理其中的不一致或缺漏之處。
√	優讀者從文本材料中汲取、比較及整合他們的先備知識。
√	他們思考文本的作者們，其風格、信念、意圖、歷史環境等等。
√	優讀者監控他們對文本的理解，必要時做出調整。
√	優讀者評估文本的質量與價值，並對文本做出各種反應，包括理性的與感性的。
√	優讀者用不同的方式，閱讀不同類型的文章。
√	當閱讀故事文時，優讀者易於注意其背景和角色。
√	當閱讀說明文時，優讀者通常會建構及修正他們所讀內容的摘要。
√	對優讀者來說，文本處理的歷程不僅發生在「閱讀當下」，也在閱讀過程中短暫的休息，即使是在停止閱讀之後皆有。
√	理解是一個消耗時間的、持續的以及複雜的活動；但對優讀者而言，是一個滿足的、富有成效的活動。

　　整理上述內容可知，值得教導學生的理解策略為：(1) 為閱讀設定目標；(2) 預覽和預測；(3) 喚起舊有知識；(4) 監控、澄清及修正；

(5)視覺化及創造可視化的表現；(6)繪製推論；(7)自我提問及放聲思考；(8)摘要／總結與重述。

其中，特別指出自我提問與放聲思考的重要性，以及如何讓學生投入討論的提問技巧。以下為文中述及以提問引導討論問題所做的示例。

目標	可用的提問
引發討論。	・作者嘗試要說什麼？ ・作者的主旨是什麼？ ・作者在說什麼？
幫助學生專注於作者的主旨。	・這是作者說的，但這是什麼意思呢？
幫助學生連結訊息。	・這部分如何與作者已經告訴我們的部分做連結呢？ ・有哪些訊息是作者用來促使我們理解的？
從作者提供的訊息與想法中辨識困境。	・這些內容有道理嗎？ ・某些概念有使用明確的方式來說明嗎？ ・作者解釋清楚了嗎？有或沒有？為什麼？什麼漏掉了？哪些是我們需要找出來或發現的？
鼓勵學生參考文本，不論他們是否曲解文本句子，或是協助他們認識自己已做的推論。	・作者有沒有告訴我們……？ ・作者有沒有給我們那個部分的解答？

Chapter 2
閱讀理解問思教學模式

　　「閱讀理解問思教學模式」乃指以閱讀理解相關理論為基礎，建構教師「文本分析」與「提問設計」的專業能力，進而「規劃」問題導向的閱讀理解教學模式，目的在於促發學生對文本內容的互動思考，期以提升學生不同層次的閱讀理解能力。

閱讀之三角戀情

　　記得很久以前，偶然的機緣下看到一本書，不禁一笑，什麼東西嘛？書名竟然是「如何閱讀一本書」？（這不是何等自然的事嗎？）然而，由原本「漫不經心」的瀏覽，到「字句細品」的拜讀，啟發了我對「閱讀是何物」的思考歷程。這本《如何閱讀一本書》由 Mortimer J. Adler 與 Charles Van Doren 所著，1940 年第一次出版，1972 年增修再版，歷時數十載，對從事語文教學工作的我們，其觀念至今仍深深影響我們。其中，最令人印象深刻的，即是「投手」與「捕手」的比喻。每一本書或每一篇文章，其實都是「投手」，可能會投出快速直球、變化球、曲球、滑球等不同球路，端看作者的功力與意圖；而讀者呢？此時只能扮演「捕手」角色，許多閱讀方法與技巧的學習，都是為了能接到投手所投出的各種球路。當然，別懷疑，當讀者沒有準備好這些能力時，無可避免的，「暴投」與「失誤」即產生，結果是讀者無法接到作者投出的球，這段閱讀的旅程

即告終止。

　　閱讀其實存在著「三角戀情」——作者、文本與讀者。任何文本的產生，都來自作者將其「知、情、意」化成文字，也就是創作即是作者與文本「戀愛」的過程。然而，在作品完成後，作者與文本的戀情即告一段落。誠如二十世紀的法國文學理論家羅蘭‧巴特（Roland Barthes，1915-1980），在 1976 年向世人宣布：「作者之死」（the death of the author）。巴特認為無論作者的意圖為何，文本與作者的意義只在創作時有所互動；一旦文本被發表或呈現，接下來發生的事即與作者無關。反而是「第三者」（讀者）的介入，成了焦點，也就是在讀者與文本相遇（encounter）的過程中，以其知識背景、情境脈絡及思考想像，創造了專屬讀者自己的意義。而讀者何其多，對文本的意義的解讀也因此持續變動……。在閱讀教學的實務上，早期我們通常以「找出主旨」一詞，來代表我們將透過文本直探作者的寫作意圖與想法。近年來，亦可見用「推估主旨」來代替，因為讀者不再肯定自己是否有能力在作者層層鋪蓋下，能輕易的與作者互動，了解作者創作時的初衷；甚至，讀者也不在意作者自己的想法是什麼，反而更想從文本閱讀之中，找到專屬自己與文本的獨特意義。

　　雖然「主旨」的取得與感悟不容易，甚至有各種可能，然而在

閱讀的歷程中，還是存在著許多「共識」，例如讀者們可以獲取諸多相同或類似的資訊，如重要的人事物細節，關鍵語句的含意，乃至於篇章大意，應該都是「英雄所見略同」。此時，就會令人好奇這些閱讀高手是如何在有限的時間內，理解整體與重要的資訊內容。關鍵的因素，就是這些讀者掌握了閱讀的方法。因為高效的閱讀來自於高效的方法，沒有方法的閱讀，如同走馬看花，見其表而不見其裡，是謂可惜。那我們該如何理解孩子的閱讀歷程，進而引領他們走入「有方法」的閱讀世界呢？

　　《禮記‧學記》篇：「善問者，如攻堅木，先其易者，後其節目，及其久也，相說以解；不善問者反此。善待問者，如撞鐘，叩之以小者則小鳴，叩之以大者則大鳴，待其從容，然後盡其聲；不善答問者反此。」先人似乎早已備好解惑之語，供教師們參考。然而，閱讀理解歷程中的提問，應非「多問」，而是「精問」。

　　以近年來耳熟能詳的 PIRLS 閱讀理解四層次為例，對文本內容進行多元視角的提問，問出重要的訊息（層次一：提取訊息），推論句段的意義與關係（層次二：推論訊息），詮釋整合文本與讀者知識經驗（層次三：詮釋整合），比較評估讀者、文本與作者三方的訊息互動（層次四：比較評估）等，即是以「善問者」的角色，協助學生文本閱讀理解的途徑之一。

　　回到主題，「閱讀之三角戀情」即是說明閱讀理解世界的「多變性」與「多元性」，「你」和「我」的閱讀理解或有相同之處（主要在文本的表面意義），但肯定也有其相異之處（當我們參照自身經驗知識於文本之時）；至於文本，雖一直存在，但當「它」面對每個閱讀旅人時，也一再的變化其意義，這是多麼奇妙的事！

語文教學 v.s. 閱讀教學

　　近年來，隨著國際閱讀評比（如 PIRLS 與 PISA）引發眾人注目，以及社會、學校教師與家長們對「閱讀能力」的重視，原本被視為理所當然的「閱讀」行為，在國內興起諸多的討論；尤其在教育界，自中央主管機關到地方縣市政府，乃至於各級學校，尤其是小學，儼然興起了一股閱讀推廣的風潮。然而，檢閱歷次國民小學（國語）課程標準，乃至於九年一貫課程綱要之中，其實「閱讀」一直都在，從未離開。那為何現在要如此強調呢？是以前存而不論，抑或教而不實？還是，這個當紅的「閱讀」其本質內涵做法都與「語文教學」中的「閱讀」已經「貌合神離」？以下將在中小學實施的語文／國文教學，與當下倡議的閱讀教學，提出異同的比較與論析。

語文教學——以「讀、說、作、寫」為核心

臺灣小學的國語文教學，主要的教學理論基礎即「國語科混合教學法」，最初見於民國三十一年公布的課程標準中：「初級國語教學，要和常識教材配合，並且要用混合的方法教學。」民國四十一年又修訂：「第一、二學年讀書、作文、寫字各項作業，以混合教學為原則。」其後，無論是民國六十四年版、民國八十二年版的國語科課程標準，乃至於目前所頒行的八十九年版九年一貫課程暫行綱要，以及八十九年、九十七年頒布的九年一貫課程綱要，在國語科（國語文學習領域）的教學原則（方法）一項中，都維持不變的主張：「國語科宜採混合教學法，以讀書（閱讀）為核心，與聽、說、作、寫各項教學活動密切聯絡。」

然而筆者認為，與其說國語科混合教學是一種教學法，不如說它是一種教學理念，它是以「讀書」、「說話」、「作文」、「寫字」分別教學而稱的。國語科包括這四項主要語文活動，但這些學習活動彼此互為關聯，是不可分割的；它不是夾雜在一起的，仍然要有系統、有步驟，作計畫性的安排。

實施混合教學，首先要「統整教材」，按單元教學內容的性質及其需要，把讀、說、寫、作的教材，作一系列的安排，孰先孰後，都要妥善規劃。這些單元通常各有其中心思想（要旨），但每一課

也有其題旨，可以整合教之，也可以分課深究，也重視各課語詞生字的習寫教學。由此可知，雖名為混合教學，但無固定的教學方式與模式，必須根據教學單元的學習目的，教材的性質，教學的需要，兒童的語文程度，以及教師的教學經驗，來決定每單元的混合教學方式。在進行混合教學前，要分析課文，充分掌握課文的重點、特點、難點，以便教學時靈活運用。其中，課文的內容與形式的深究、鑑賞是教學重心所在。此外，運用發問的技巧，可以加強思維訓練，這也是混合教學十分強調的。其他如講述、啟發、自學輔導、練習、發表、討論等教學法也都是混合教學法可交互運用的教學方法。

混合教學雖無固定模式，但它強調預先的計畫與安排，因此教學活動設計中便有些特定的項目內容需要陳述明白。在教學前，必須針對單元名稱、教學目標、教學範圍等進行分析。至於教學活動流程大致如下：(1) 課前預習；(2) 概覽課文；(3) 大意探討；(4) 生字新詞練習；(5) 內容深究；(6) 形式深究；(7) 延伸討論；(8) 仿作練習等八個程序。其中，主要的重點在於「課文深究」——包含「形式」與「內容」深究，形式是指篇章結構、段落組織、句法、用字遣詞等技法，內容是指文章的主題、主旨、大綱、大意、題材的選擇與應用。最後的綜合活動，則是提供學生單元內容的統整與練習的機會。接下來，談一談現今所謂的「閱讀教學」。

閱讀教學——「閱讀技巧」與「認知監控」

　　閱讀教學應該有兩大目標，其一為透過各式各樣的活動引發孩子的「閱讀興趣」，其二則以多元的教學方式培養孩子的「閱讀能力」（尤其是指閱讀理解能力）。就學校教育而言，閱讀興趣與閱讀能力都應該受到重視；然而前者屬情意範疇，雖然社會、家庭、學校可以各種活動方式試圖啟發孩子的閱讀興趣，但這也關乎讀者本身的特質與能力，不一定會成功，也不必然一定要成功，因為現今許多人並沒有閱讀的興趣與習慣，卻不妨礙其工作與生活。後者，即「閱讀能力」則屬認知與技能範疇，這也是一項重要的學習、工作與生活的能力；因為在各類資訊充斥的今日，由文字符號系統所構成的文本，必須透過閱讀的生理與心理歷程，才能取得「意義理解」，例如讀文章、讀小說、看報紙、看圖表、看說明書、瀏覽網頁等，進而達成諸多生活與工作任務。由此可見，學校教育或課堂教學之中，閱讀能力的培養必然要擺在第一位，因為沒有閱讀能力，就沒有閱讀興趣；有閱讀興趣，就有基本的閱讀能力。

　　若以提升閱讀能力為目標，閱讀教學著重的是兩個層面，一個是「閱讀技巧與方法」，另一個則是「閱讀策略與認知監控」。閱讀技巧與方法偏屬於技術性的習得，如朗讀、指讀、圈詞劃線、眉批筆記、概念圖示、摘要等，這些都是協助閱讀理解的技巧，可以

透過教學實務訓練學生習得此方面技能；另一層面乃立基於前者的知能，讓學生對於自己即將面對的閱讀任務，產生「計畫性」的思維與監控（也就是問自己：「我該如何閱讀？」），例如在閱讀歷程之中，能善用預測、推論、釐清、連結、摘要、自我提問等策略，甚至以放聲思考（thinking loudly，心理學研究個案時常用的方法，讓閱讀者在閱讀的同時，說出自己正在讀什麼、想什麼以及有什麼疑問。）監控自己的閱讀行為等，皆屬閱讀能力的教學重點。簡言之，閱讀能力教學乃期待讀者能具有基本的閱讀技巧與方法，進而適切採用多元的閱讀理解策略與認知監控，以最完整的閱讀經驗與方法，提升自我的知識與能力。

語文教學與閱讀教學的關係

從上述語文教學（尤指混合教學）與閱讀教學的論述之中，我們可發現兩者關係其實非常密切，卻也有其獨立的理論思維。

語文教學偏重「內容理解」，閱讀教學偏重「學習力」

若以語文教學的角度切入，會發現閱讀教學一直都存在，也一直都是語文教學的核心。若以混合教學歷程論之，閱讀教學存在於課文概覽、大意探討、內容深究與形式深究，只是在語文教學中的

閱讀教學強調的是「文本內容的理解與習得」，而非專注於「閱讀技巧方法的學習與操作」。換言之，閱讀一向是語文教學課堂所重視，但偏重的是「內容」，而非「方法」。

　　若以閱讀教學的角度切入，可理解其視野不僅落於語文課本（文學性文本為主），其他由文字符號系統所形式的文本，諸如社會科學文本、自然科學文本等說明文類的文本，都是屬於文本的範圍，並不專屬於語文課，而是存在於各學習領域的基礎學習能力。它所強調的方法，適用於各學習領域，換句話說，閱讀能力是重要的「學習力」。

語文課≠閱讀課

　　爾近，由於閱讀教學的大張旗鼓、搖旗吶喊，讓許多教學現場的老師產生迷思，甚至默默造成某些改變。最令人擔心的現象之一，即是「把語文課等同於閱讀課」——語文課全用來教閱讀的技巧方法與策略，這也把閱讀教學禁錮於語文教學之中。語文教學有注音符號、聆聽、說話、識寫、閱讀、寫作等六大主軸能力的任務目標。閱讀是其中重要的教學活動，也可視為核心之一，但不是語文教學的全部。所以，如果將語文課完全當成閱讀課，那麼孩子的語文能力必然有所失，閱讀教學也一定失敗。語文教學有其大量字詞語彙

積累的任務，也有基本句式理解與應用的目標，當然也有段篇文章理解與寫作的要求，此三層次偏一不可，更是閱讀技巧方法與策略學習的基礎。兩者應相輔相成，不可易客為主，也不可以主制客，因為語文課有其學習目標，閱讀教學有其理念做法，合作互助，過與不及皆非學習者之福。

閱讀教學三大取向

閱讀教學應該包含三大方向：

（一）內容的理解：學生能了解文本的主題及細節內容。

（二）形式的理解：學生能知道作者如何構築這篇文章。

（三）技巧的學習：讓學生習得閱讀與學習的相關技巧。

依據這三大部分，將執行方法及目標細分成：

（一）讓學生先學會如何理解內容，此所謂「閱讀理解教學」。

（二）進行讀寫或是讀說結合。

「讀說」就是讀了以後可以發表自己的想法，這些想法是基於學生閱讀的內容進行的創意或是擴散性思考。「讀寫」就是作文課程中，若是教師在學生寫作之前先提供材料，讓學生仿寫文本內容、形式、材料、結構，重新創造出屬於自己的內容，就是「讀寫結合教學」。

所以閱讀教學也著重輸入到輸出的過程。

（三）閱讀理解策略的學習。

近年來，有一種閱讀教學取向，是專門教學生學習各項閱讀的「方法」或「策略」。然而，這類單向技巧習得的教學，往往忽略閱讀本身其實是十分複雜的歷程，因此在實際教學現場中，若只以「技巧」的習得作為教學內容（比如說，現在老師要教你們如何「連結」……），對學生而言，可能會覺得乏味。因為，閱讀應該先從文本中獲得樂趣，再漸次學會閱讀的各項方法。如果只專注在學習各項閱讀技能與策略，可能會造成學生閱讀能力好，卻沒有閱讀習慣的情況。

然而，上述內容並不表示不需要進行閱讀策略的教學，在學生（尤其是中低程度的學生）明顯缺乏閱讀相關技巧時，直接教授策略技巧，將有助於學生有效的閱讀。因此，閱讀教學也可能針對特定技能進行強化，譬如「摘要」有三大步驟：選擇→刪除→統整，而針對這些步驟精緻化，就是針對閱讀策略進行教學活動。

其實，策略（strategies）與技巧（skills）所指不同。其差異在於，技巧可以單一練習、使用。譬如教師透過學習單的引導，讓學生一步步的完成文章的摘要。而策略類似教師問學生能不能說出這篇文章在說些什麼，學生就得思考要運用哪幾項技巧來幫助自己。換言

之，學生為了完成閱讀任務，需要整合很多技巧來達成，所以策略是「閱讀的計畫」，技巧是學生實際展現出來的方法。雖然一般大家會把策略與技巧視為一體，但事實上兩者是不同的概念。我們的教學可能是技巧上的教學，但學生能自主靈活運用，即是策略的使用。

問思教學＝理解與策略並用的「閱讀教學」

　　假設老師給學生一篇含有九個段落的文章，請學生把這九個段落重新歸併成三部分，並讓學生說說自己切分段落的理由。如果學生沒有頭緒，老師可以提示：「通常我們看到故事，是不是會想到——原因、經過、結果……，這樣的提示有沒有讓你想到什麼呢？」以這個例子來說，我們雖然沒有告訴學生正在做「摘要」，但事實上他已經在老師的引導下進行化繁為簡的「摘要」過程了。

　　這就是問思教學與單純的閱讀策略教學的差異，閱讀策略教學會直接告訴學生，如何歸納自然段、意義段；而問思教學則是向學生提問，讓他們有機會思考，並運用已經學會的技能，如果學生不懂方法，那麼教師可以透過提問引導學生運用方法，達成閱讀任務。

　　圖 2-1 表達出閱讀教學的三大取向——閱讀理解教學、讀寫結合教學、閱讀策略教學；然而，這三大取向其實都與教師「提問」

圖 2-1　問思教學同時滿足閱讀教學三大取向

相關。首先，閱讀理解教學可以透過不同層次的提問，讓學生取得完整的理解。其次，若要專注在讀寫結合教學，可以透過寫作手法的理解，為接下來的寫作任務做準備。至於閱讀策略，由於提問本身就是一項重要的策略，也就是希望學生能學習教師的提問，而學會「自問自答」的能力。因此，我們可以說，那三個閱讀教學取向的交集之處，就是老師的問思教學。建構一個好的問思教學即可以同時滿足三大取向交集的部分，最終目的是期待學生展現出三項閱讀能力——理解內容、理解形式、運用策略（如圖 2-1）。

　　這三大取向的教學順序，建議可以從這三者的功能來思考，理解與策略處理的是「輸入」，其中，理解是「輸入的內容」；策略是「輸入的方法」，亦即如何有效的吸收與理解。因此，理解內容

優先（也別忘了是基本的字詞符碼的積累）；其次是策略的學習，因為策略應用可以協助「加速」理解，讓理解更完整；最後，當我們藉由閱讀產生表達需求時（比如想仿寫經典句段），才會擴展到讀寫結合的教學。

「好問題」是閱讀理解的鷹架

閱讀理解其實是一段看不見的歷程，因為它只存在於大腦之中。即使以目前最先進的科技對人類的大腦進行監測，我們對於受試者所知所想的理解程度，還是非常有限。因此，在教學現場中，教師必須透過有效的途徑來掌握學生的理解狀況。

在諸多教學方法中，「提問」幾乎是最經濟有效的教學技巧了。可惜的是，教師們的提問通常只是為了測試已知知識或簡單的詰問（interrogate）文本，對教學與理解的助益都不大。然而，不可否認的是，「問題」對意義建構而言，是一項便利好用的工具（a facilitated tool），關鍵就在於「問好問題」。

「為什麼？」

我們從小開始就會透過提問來理解這個世界（殊不見三、四歲的小孩，「為什麼」三個字一直掛在嘴邊……）。所以，目前提倡

的「閱讀理解問思教學」就是讓「問題」成為孩子閱讀理解時的重要鷹架，因為優質的閱讀教學與好的提問往往密不可分。

　　回顧過往的教學研究，Stevens（1912）、Moyer（1965）及Flanders（1970）同時指出，教師幾乎用80％的時間在問問題，這看似是一個好現象，可是細究其內容，幾乎都是教師與單一學生的問答，也只要求一個簡單的答案。換言之，教師經常問的是已經有正確答案的問題，學生則沒有欲望提出問題。如果至今仍存在這類現象，必然是很值得重視的問題。

提問設計

　　提問設計可以很簡單，也可以很複雜。首先，依問題的開放程度，可分為聚斂型、半開放型以及擴散型三類。若以 PIRLS 閱讀理解四層次來看，「直接提取」和「直接推論」兩個直接理解歷程的提問，即屬於聚斂型，也就是答案能從文本中取得；其次，「詮釋整合」和「比較評估」等兩個間接理解歷程，則屬於半開放型，因為孩子必須透過現有的知識或經驗作為理解的基礎，提出合理的答案。最後，擴散型則已從文本內跳脫至文本外，以學生的想像與創意，發想出符合題旨的回應，「如果你是某某某，你會怎麼做」即是這類的提問。

　　若以提問的時機，可分為「讀前」的預習性提問、「讀中」的理解性與探究性的提問，以及「讀後」的省思性與評價性的提問。其中，閱讀教學過程中的提問方向，至少可分為關於主題的問題、關於細節的問題、關於主旨的問題、關於寫法的問題。若以評量的形式而言，則可分為選擇、排序、配合、文字表達（問答題）等不同的題型。由此可知，好的提問必須考量許多面向，方能讓孩子達成多元的理解。

好問題對孩子的影響

　　到底，好的問題對孩子會產生什麼影響呢？許多國內外的研究指出，好的問題可以讓孩子聚焦於文本，產生深入或多元的理解。我們可以設計既封閉又開放的問題，讓孩子在文本的閱讀理解基礎上，提出他自己的看法（例如：「主角最後做了什麼決定，你同意主角的決定嗎？請提出你的看法。」）。我們也可以設計既演繹又歸納的問題，讓孩子可以充分思索與整合文本的內容（例如：「你覺得某某人是一個什麼樣的人？請找出兩項證據來支持你的看法。」）。此外，身為閱讀引導者的教師或家長，可充分利用好的提問讓孩子選擇他想討論的文本內容（例如：「哪一部分讓你印象最深刻，為什麼？」），也可以文本內容回應學生的想法，甚至運

用策略讓學生聚焦於文本（例如：「請邊想邊劃線找答案。」）。閱讀是一段旅行，在這段旅程中，好的導遊（教師或家長）會覺察到孩子的狀況，主動提供文本資訊，彌補其知識經驗不足所造成的落差；在某些時機點，也會鼓勵自我探索，讓孩子有機會（對全班或小組）說出自己的觀點。

　　以「好問題」布置於課堂教學中的重要環節之中，將有三大優點：

（一）問得好（注目與思考）

　　教師常問「是什麼」、「如何得知」、「你認為……」、「你同意……」、「你如何……」等不同層次的問題，讓學生能從文本的直覺反應，到閱讀的後設認知（即能解析自我理解歷程），這歷程皆持續引發學生的注目與思考。

（二）引得好（討論與引導）

　　分組合作學習的成功要領之一，就是討論的方式與內容。其中，「好的提問」可以引領討論時的多元思考，也能引導學生深入閱讀理解。

（三）學得好（知識與方法）

　　當學生主動探索與思考知識的內容與方法，學習的成效才會持久。尤其是經常接受好問題刺激的學生，日久便能自然形成「自問

自答」的能力，學會關鍵知識及有效閱讀的方法。

　　於是，好問題對孩子的閱讀理解而言，是重要的鷹架，讓他們得以邁向文本理解的各個層面，也是知識學習與認識世界的重要途徑之一。

「閱讀問思」教學的主軸與基礎

　　閱讀理解問思教學的主軸是以「問思」引領讀者進行不同層次的理解。問思教學乃由三階段（預習→問思→評估）與四步驟（文本閱讀→差異提問→思考討論→回應表達）所組成。在細究此三階段與四步驟之前，不可忽略閱讀問思教學有兩並軌（兩個協力的學習重點）──「字詞積累」與「策略學習」，以協助閱讀理解順暢的運行。

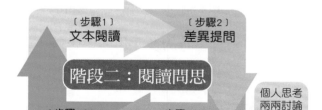

圖 2-3　閱讀理解問思教學模式

問思教學須輔以「字詞積累」與「策略學習」

　　「字詞積累」是語文學習的重要任務之一，主要透過語文課堂教學或生活經驗，持續的進行字、詞、短語的理解與積累（也就是培養文字符碼的基本解碼能力），這與日常國語文教學中的識字、語詞教學密不可分。因此，閱讀教學的成功與否，與是否有扎實的語文基礎字詞學習經驗息息相關。

　　其次，當學生面對較複雜或難度較高的閱讀任務時（如一本百年前的經典小說），配合高層次的提問，也許就需要仰仗「理解策略」來協助其理解與認知了。換句話說，閱讀問思教學與閱讀理解策略密切相關。尤其當學生在思考討論時，如果可以在教師的引導下善用諸如連結、摘要、評估、理解監控等閱讀策略，將可使思考討論更有效率。因此，閱讀理解問思教學乃「一主軸兩並軌」——以問思為主軸，並基於語文的「字詞積累」，且於「策略學習」過程中拓展延伸。

圖 2-2 閱讀教學金字塔

　　閱讀理解問思教學模式是指在一次的教學歷程中，由「三階段」與「四步驟」所組成。三階段分別為：預習、問思與評估。四步驟特指第二階段的「閱讀問思」，面對教師每次的提問，就會進行四個步驟：文本閱讀、差異提問、思考討論與回應表達。在多次提問的循環過後，完成文本的多層次理解。

階段一：預習（課前閱讀／經驗比較）

　　對閱讀討論而言，學生的預習是重要且必要的。教師在課程進行前，先提供文本材料，並指引學生閱讀的目標或方向，讓學生能在課前完成閱讀，並藉由自我提問以掌握文本某些內容。課前的自主閱讀能打破上課時「只有老師準備好，學生還沒準備好」的狀況，如同「翻轉教室」的概念，讓學生能帶著問題來上課。總之，課前閱讀不僅可以節省課堂上學生閱讀文本的時間，更重要的是，培養學生監控自己閱讀狀況的能力。

　　面對陌生的文章時，學生難以在課堂學習的「短時間內」與文本產生交集並提出思考。故在課前先讓學生閱讀，目的在於讓學生產生自我對文本的覺察，並與文本展開第一次概略理解。此時學生需要完成的學習任務為閱讀文本，並比較自己的知識與舊經驗，以取得更深刻的理解。例如哪些是自己已經知道的、哪些是以前不清

楚的，或是劃記自己感興趣的內容。藉由這些動作，不僅能維持學生對文本的興趣，久而久之，亦能培養學生理解與監控的能力。

階段二：閱讀問思（四步驟循環進行）

　　閱讀問思教學是一種系統化的教學程序，其在第二階段的實施步驟為：文本閱讀→差異提問→思考討論→回應表達。由圖 2-3 可知，這四個步驟是一個循環，而且一題是一個循環。茲詳述如下。

〔步驟 1 〕文本閱讀

　　問思教學一開始，應讓學生針對指定的範圍（句、段或篇）進行文本閱讀，為提問的回應作準備。由於學生已經有課前預習的閱讀經驗，此時的閱讀可聚焦於提問的範圍，讓學生再次精讀、複習文本，並取得更詳細的文本線索。

〔步驟 2 〕差異提問

　　差異提問是指：以不同層次的提問，提供差異化的學習鷹架，讓學生取得不同面向的理解，進而習得閱讀方法與技巧。在所有的教學法與教學技巧中，老師的提問是引導課堂活動最重要的技巧。好的問題來自教師文本分析的能力，這樣的能力幫助老師精熟且快速的解讀文本，以掌握文章的重點（此部分請見第四章）。

「差異」在此有兩個意思：其一，是指「提問差異化」，也就是教師預先設計不同層次的提問（其原則與方法，可參見第四章的介紹）。其二，是指「鷹架差異化」，本書稱之為「方案 ABC」。

「方案 ABC」乃指在提問的過程中，教師可斟酌學生的程度與問題難易度，調整出適應學生的問題形式。有 A、B、C 三種方案：

・A 方案：在不給予任何提示的狀況下，讓學生自由回答；
・B 方案：給予提示，例如指出範圍或提供線索等；
・C 方案：直接以選擇題、配合題、排列題等，使學生能直接配對或選擇。

一般而言，提問會先從 A 方案著手，若學生無法回答，教師才採用 B 方案，予以鷹架及提示引導，幫助學生順利表達。而 C 方案則較不會牽涉學生的表達能力，主要是以選擇或配對來確認學生的認知與理解。

〔步驟 3 〕思考討論

問思教學中的「問」，是老師透過提問給予學生的閱讀理解任務；「思」，是學生藉由思考與回應問題達到學習的目的。為回應教師的提問，必要時，學生需要選擇合宜的閱讀理解策略（例如連結、摘要、評估、理解監控等）以幫助自己完成任務。雖然，問思

教學並不特別強調於過程中介入閱讀策略的指導，但是若在中低年級就開始進行問思教學，教師可能需要提示相關策略。

「思考」是產生學習的重要關鍵，而討論的意義在於學生能交流彼此的想法，讓思考不再局限於單一個體的舊經驗。因此不同討論互動形式在此步驟必須要考量與規劃。上述的方案 ABC 是三種不同的答題鷹架，此部分的「思考討論」（TSG）則是指不同的互動形式。TSG 的概念是：T 是 teacher 老師；S 是 student 學生；G 是 group 小組。主要分為全班回答、個人思考、兩兩討論、小組討論等四種不同的互動形式。

因此，教學規劃時應思考兩點：第一，這些題目所需要的鷹架是什麼；第二，學生用何種方式（自己回答、兩兩討論、小組討論）來取得理解。

要決定採取哪一種思考討論形式，主要與題目的難易程度有關。以下說明四種討論形式：

(1) 全班回答 TS：題目簡單，主要是重要訊息的指認與提取。可採用「教師問、全班回答」的方式。

(2) 個人思考 S：題目稍難，並與個人知識經驗有關。請學生思考問題，寫下答案。

(3) 兩兩討論 SS：題目稍難，需要與同學確認自己的理解。

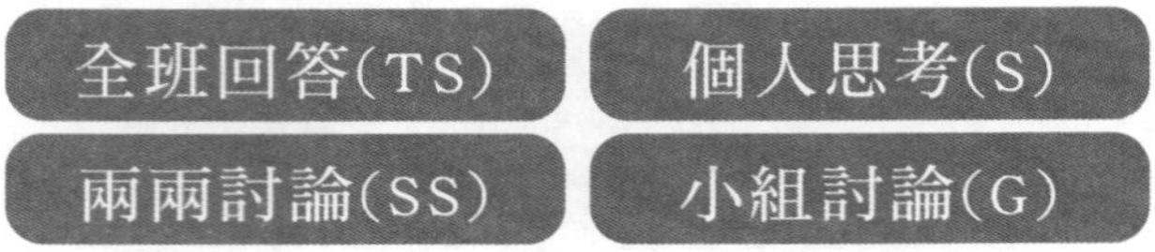

圖 2-4 思考討論（TSG）形式

兩兩討論後記下結論。

(4) 小組討論 G：題目最難，且需要不同觀點的交互澄清。

透過小組討論取得共識再發表。

換言之，教師在提問設計完成後，以 PIRLS 閱讀理解四層次為例，通常第一層次（直接提取）或第二層次（直接推論）的問題，可採用「全班回答」，或讓每位小朋友進行個人思考，獨立完成理解任務；若屬第二層次或第三層次（詮釋整合）的題目，則可以兩兩討論，以雙人互動合作尋求理解。若屬更難的第四層次（比較評估）的題目，則可以小組討論，彙整三人以上的思考，進一步討論出共同的理解或意見。

〔步驟 4 〕回應表達

表達方知學生的理解程度。在課堂中，學生閱讀理解情形的呈現，可分為口頭表達與書面表達兩類。口頭表達較快速，但無法保留學生理解情形（除非使用錄音設備）；書面表達則可保留並檢視學生的理解情形，一般而言，可使用選擇、配對、排列、填空、問答、

申論、圖示等方式來呈現。

　　然而，書面表達中的問答與申論，其表現情況會受到孩子基本寫作能力的影響，這部分需要列入理解評估的考量因素，換言之，不能因為學生寫不出來，就認定他不理解，有可能是他不知如何用文字適切的表達所致。

　　此階段乃是在學生進行思考後，讓他們自己或小組的理解被看見的歷程。如前所述，表達的方式很多元，基本上為口語表達或書面表達。但若搭配現今教學科技，如 IRS 即時反饋系統（即俗稱的遙控器）、實物投影機、電子書包、電子白板等，則可呈現量化（投票統計）或質性（小組報告討論結果截圖）的理解情形，可更方便、即時、有效的呈現學生閱讀理解的程度。

5 個好問題，理解思考趣！

　　通常一節 40 分鐘的課程中，以布置 5 ～ 8 題為最佳。只要是品質好的題目，就能看出學生的專注力與思考討論的能力，也能達到最佳的學習效果。每提出一個問題就必須重複四個步驟（文本閱讀→差異提問→思考討論→回應表達），達成一次循環。例如有五個題目，就有五次循環。其後，才會進行「課後思考／檢核評估」。

教師提問時機 Q&A

Q：閱讀理解四個層次與聚斂性問題、半開放性問題和擴散性問題之間的關係是什麼？

A：閱讀理解的四個層次聚焦於文本的理解；詮釋整合或比較評估則需要運用到自己過去的知識或經驗，就可能與半開放性問題有關，其餘都跟聚斂性問題有關。閱讀理解的四個層次都不是擴散性的問題，因為擴散性問題的思考方向與內容，大部分都已經離開文本本身的內容，與文本的理解沒有關係了。

Q：教師何時應該提問？

Ａ：提問的時機，大致上可分為閱讀前、閱讀中與閱讀後。

1. 閱讀前，就像預習時教師提供的預習單，與「翻轉教室」的概念雷同，可以透過有效的提問讓學生進入文本的思考裡。

2. 閱讀中，透過四個層次的提問，以了解學生理解的情況。

3. 閱讀後，教師提問更重要，每一次教學，不論時間長短，都應該留個 3 ～ 5 分鐘做統整歸納。統整歸納其實也只提出兩個問題方向：

   (1)「你在這節課學到了什麼？哪些是你以前不知道的？」→讓學生整理本節所學。

   (2)「上完這節課之後，你還有什麼不懂、想要再學習的？」→讓本課延續未來學習。

我們相信，若學生每一次學習後，都習慣回應這兩個問題，那他的學習就是連續性且環環相扣。

階段三：評估（課後思考／檢核評估）

　　經歷數道提問後，學生已從課堂上的思考討論中習得新知。為了鞏固學生的學習，可在教學結束前 3 ～ 5 分鐘安排課後思考，讓學生回顧這節課所學。從思考這堂課的學習起點、這堂課所學的新知，到更想了解的部分。學生在腦海中進行回顧檢索的同時，除了產生複習的效果之外，進行自我檢核與評估便是在培養理解監控的能力與自信心的方法之一。

　　我們希望透過閱讀，能夠開啟學生跟文本的互動，並設想學生未來在閱讀的過程中可以獨立完成，所以我們要重視個人與文本之間的互動。其次是透過提問，可以讓學生對文本有比較完整的理解，閱讀理解四層次的提問，就可以有系統的引領學生對文本的理解與思考。再者，好的「討論」可以活化學生的理解、方法與策略，讓他們運用方法幫助自己。最後，「表達」是很重要的一個步驟，我們要讓學生的思考、閱讀理解的過程看得見。

閱讀理解的策略

　　在閱讀理解問思教學的歷程之中，教師主要負責提問，學生就依此問題，進行思考與回應。然而，學生的運思過程之中，只有「想」，恐怕沒辦法順利完成老師所交付的任務。此時，勢必要採

取某種「閱讀理解策略」來幫助讀者自己取得正確或合理的理解。因此，閱讀理解歷程跟策略運用的關係很密切。

何謂「策略」呢？策略就是一種工具，今天給學生一個閱讀任務，他必須要有策略（工具）才能順利且有效的完成。所以，好問題的設計，還要結合策略的學習與運用，這幾乎是雙軌同步進行的。換言之，基本的閱讀問思模式是讓學生閱讀、教師提問，並且預留思考及討論的時間，其後讓學生用各種方式來表達理解。

其中與策略學習最相關的，就是思考與討論的過程。

當學生開始進行思考與討論時，有個非常重要的基礎是——他必須有充足的字詞短語基礎，否則閱讀過程就會困難重重。有此基礎條件後，在思考和討論的過程中，學生就可以透過連結、摘要、評估、理解監控等閱讀理解策略，來幫助自己理解與回應教師給的閱讀任務或提問。以下將詳述五個重要的閱讀理解策略。

表 2-1　閱讀理解策略與 PIRLS 四層次提問❶

閱讀理解策略	PIRLS 四層次提問	閱讀細項技巧	可搭配的文體類型
1.預測 ・角色 ・情節	層次一、二	・預測主角情緒反應 ・預測後續發展結果	・故事體（單／簡）*1 ・說明文*2（說物）
2.連結 ・文本與文本 ・讀者與文本	層次一、二	・以上下文釐析語詞 ・以上下文推論句意 ・句段判斷意義關係 ・段篇結構連繫主題 ・文本呼應讀者經驗	・故事體（單／複） ・說明文（說物） ・說明文（說理）
3.摘要 ・文本重點	層次一、二、三	・雙向表格整理訊息 ・文體結構整理大意 ・對照主題摘取重點 ・利用標題尋找重點 ・圖文連結確認重點	・故事體（單／簡） ・說明文（說物） ・說明文（說理）
4.評估 ・主旨 ・形式	層次三、四	・推估寫作目的主旨 ・評估事物真假可能 ・用字遣詞敘寫技巧 ・評判形式功能任務 ・心得賞析感想評價	・故事體（多／簡） ・說明文（科普）
5.理解監控 ・用方法促進理解	層次一、二、三、四	・分析閱讀困境難點 ・筆記閱讀內容重點 ・歸納已知閱讀方法 ・比較不同方法功能 ・面對任務擬定策略	・故事體（多／複） ・說明文（議論）

*1. 故事體的類型：單一角色／多個角色；簡單情節／複雜情節。
*2. 說明文的類型：說明事物或事理（含科普與人文，如自然科與社會科）；議論文。

　　表 2-1 呈現了閱讀理解策略與 PIRLS 四層次提問的對應關係。四個欄位分別為閱讀理解策略、PIRLS 四層次提問、閱讀細項技巧、可搭配的文體類型。由此對應可知，當學生在回答四層次的提問時，若能在教師的引導或提示下，應用相關閱讀理解策略，將可更順利

❶ PIRLS 四層次提問乃指提取訊息、推論訊息、詮釋整合與比較評估。其詳細內容，可參考本書第四章。

完成閱讀理解的任務。

　　以下將分項說明五大閱讀理解策略，及其細項技巧的意涵與參考程序。

閱讀理解策略一：預測

📖 方法說明

　　預測文本的人物或情節，以引發讀者的好奇，提出合理的推理。

📖 閱讀細項技巧

1. 預測主角情緒反應

　　故事中的主角往往會因人、事、景、物的影響，而產生情緒或情感的改變，當讀者能辨識主角的情緒變化，而這變化可能有某些線索或重複性，就可以讓讀者試著作預測。

Key skills 指出主角的情緒→評估下一部分主角的情緒或反應
例 你認為故事中的主角，接下來還是一樣的生氣嗎？

2. 預測後續發展結果

　　在故事體中，作者為了增加樂趣與想像，往往會在情節發展上用心安排。然而，讀者也應依相關經驗或線索，主動預測事件的後續發展，以維持高度的閱讀興趣。

Key skills 分析情節的內容→思考接下來可能的發展或最後的結果

例 在看完前面發生的事後,大家都很緊張,接下來,可能會如何發展呢?

閱讀理解策略二:連結

📖 方法說明

1. 經由「文本與文本」的連結,協助釐析語句段篇的意義。

2. 經由「文本與讀者」的連結,協助理解語句段篇的意義。

📖 閱讀細項技巧

1. 以上下文釐析語詞

某些語意不明顯的語詞,可透過前後語句或跨段語句,尋找作者對該語詞留下的相關線索,經過讀者自行比較、推論、分析,可略知該語詞意義。

Key skills 圈出目的語詞→羅列相關語句→推論語詞意義

例 「幸運草」又被稱為「酢漿草」的原因為何?

2. 以上下文推論句意

某些文意不明顯的句子,可透過前後語句或跨段語句,尋找作者對該句子留下的相關線索,經過讀者自行比較、推論、分析,可略知句子的意義。

Key skills 圈出目的文句→羅列相關文句→推論句子意義

例 小明認為世界有名的地理教室「像臉上長的麻子」，請問這代表什麼意思？

3. 段篇結構連繫主題

　　文本篇章結構猶如骨架，若能檢視各意義段的大意，進而比較其段落關係（如順序、總分、因果、對比、並列、遞進等），即可理解文本的主體架構，不僅可知文本梗概，亦可知其寫作思維。

Key skills　整併自然段為意義段→由中心句或關鍵詞提出意義段的段意→判斷各段意間的關係→條列或圖示文本段落組織

例 你知道這篇文章是什麼結構嗎？跟本文的主題又有什麼關係？

4. 判斷句段意義關係

　　文本的內容總有主次輕重，讀者須由標題或文意判斷「文心」，即尋找文本的核心段落，該段落可能是重要的敘事描寫或資訊說明，此舉不僅可以理解文本重要情節或核心知識，更可理解作者寫作的手法與技巧。

Key skills　點出核心段落→羅列段落語句→由實詞或虛詞判斷句子間意義關係→篩選核心知識或資訊→判斷寫作手法或技巧

例 請比較第二段與第三段，哪一段是本文最重要的段落？

5. 文本呼應讀者經驗

　　閱讀歷程中，讀者過去的經驗其實會若隱若現的協助讀者理解文意。若讀者可針對文本主題或核心知識，自陳或回想其既存的知識經驗，與文本內容比較與檢視，即可更明白其閱讀近側發

展區❷的發展情形。

Key skills 指出文本重點→羅列已知經驗→理解閱讀學習成果

⑩ 讀完本文，你有想到哪些過去的經驗嗎？

閱讀理解策略三：摘要

📖 方法說明

當文本訊息過多或複雜時，讀者需要透過不同的閱讀方法「篩選」出重要的內容，再以個人語文能力為基礎，經由判斷、選擇、刪除、組合等過程，轉化成關鍵、精簡、合理、通順的文本資訊。

📖 閱讀細項技巧

1. 雙向表格整理訊息

文本訊息呈現兩個或兩個以上的對象（或角色）時，其中又具有值得比較的特徵或狀況，即可使用雙向表格整理對象間的異同，讓讀者梳理資訊以易於理解與內化。

Key skills 判斷不同的比較對象→提煉比較項目→精簡資訊→填入內容

⑩ 這一篇文章可以用什麼樣的表格來整理呢？

---

❷ 閱讀近側發展區（the Zone of Reading Proximal Development, ZRPD）意思是兒童自主閱讀可達到的水準，與經由別人給予協助後可達到的水準，兩者之間的差距，即為閱讀近側發展區。

2. 文體結構整理大意

依文體及意義段的組成邏輯，釐析全文段落之間的關係，進而整理全文大意梗概。故事體可以依角色、背景、事件、反應、行動、結果、結局等；說明文則可依對象、面向、示例說明等內容分析其組成，以精簡詞句摘要，重組形成大意。

Key skills　判斷文體→歸併自然段以形成意義段→確認段落關係→提取要意

例 這是一篇以對話為主的記敘文，請你區分成四個部分，並說明理由。

3. 對照主題摘取重點

透過文本整體閱讀，可概知其主題（subject）或主旨（theme）。再篩選與「主題／主旨」相關的訊息證據，形成文本重點網絡，末以精簡語句重述文本內容。

Key skills　整體閱讀推估「主題／主旨」→篩選相關文本證據→條列或圖示文本訊息→簡要重述內容

例 請仔細閱讀本文的篇名，再尋找文章中與其相關聯的內容，把它記下來。

4. 利用標題尋找重點

某些文本於章節或篇章段落之前，若有詳略不等之標題，讀者可思索分析此標題，以及標題間的關係，形成文本的核心觀點或主題。在說明文中，尤有其用處。

Key skills 羅列段落標題→判斷標題間的意義關係→形成核心觀點或主題

例 本文有四個小標題，請說明這些小標題和篇名的關係。

5. 圖文連結確認重點

　　某些文本須藉由圖片、表格、文字框等資訊補充或強化段落敘述重點。讀者可判斷圖文之連結，或圖文訊息呈現比重，以確認文本所顯示的重點內容。

Key skills 瀏覽圖表→連結相應段落或詞句→判斷重要性→理解意義、確認重點

例 請仔細看看文章中的三張圖片，分別對應哪一段文字？哪一張圖最重要？

閱讀理解策略四：評估

📖 方法說明

　　1. 依讀者的知識與經驗，提出內容真假或寫作目的的判斷。

　　2. 依讀者的知識與經驗，提出形式功能或寫作技巧的判斷。

📖 閱讀細項技巧

1. 推估寫作目的主旨

　　從文本的關鍵語句或重複、強調用語、中心句子等，對照全文主題，提出作者寫作該篇文章的目的。故事體的寫作目的通常比較不明顯，但是說明文的寫作目的基本上與主題是一致的。

Key skills　圈劃重要語句→評估與主題的關係→整合推論作者的主旨

例 你認為作者寫這篇文章，想要告訴我們什麼？請從文章中，找到兩個證據來說明。

2. 評估事物真假可能

在故事體中，作者為了增加樂趣與想像，往往會增添或塑造一些與真實世界不符的角色或場景，或者引用誇飾的手法。然而，在享受樂趣之餘，也應有能力以知識或經驗判斷故事中的真假，以理解作者的安排與設計。

Key skills　分析角色或情節→羅列相關與事實不符的敘述→思考其設計用意

例 故事中有哪些人、事或物是不太可能會發生的，請舉出二項。

3. 用字遣詞敘寫技巧

語句的選用最能彰顯作者的用心與用意，尤其許多與主題或主旨相關的語詞或句式，都可以表現作者對文本的期待。在故事體中著重於心理語句的描述探討，說明文則是以精確具體的語句展現。

Key skills　提出主題或主旨→找出與此相關的語詞或句子→判斷作者使用該語句的用意

例 如果重新為這篇文章下一個標題，什麼樣的標題較適合呢？請找出二個最重要的句子來配合標題的意義。

4. 評判形式功能任務

以美食來比喻，文章內容是主要食材，文章形式則是呈現出美

食的色香味。而這些不同的色香味，通常是作者為了表現某些意境或功能而刻意設計的。

Key skills 指出敘寫特別句段或其他輔助訊息→思考其形式的功能與用意

例 在你閱讀的過程中，文中的文字框（或插圖）對你的閱讀有什麼幫助？

5. 心得賞析感想評價

讀者的閱讀對象是文本。藉由文本的文字符號訊息或段篇的意義，讀者在閱讀過程中，往往會不自主的產生許多自身知識經驗的照應，也就是所謂的心得感想。甚至在過程中或結束時，主動對文章產生喜好與否的評價。

Key skills 回顧閱讀的段落或全文→列出印象深刻的語句段→提出心得評價

例 當你閱讀本文之後，有沒有什麼句子或段落印象特別深刻，請用你的知識或經驗為例，寫出你的想法。

閱讀理解策略五：理解監控

方法說明

理解監控即是透過自我檢視，分析自己閱讀的歷程與採用的方法。就閱讀歷程而言，可以清楚自己閱讀時的順利與否、困難何在；就閱讀方法而言，可檢視自己已具有的閱讀技巧或方法，進而在面對閱讀任務時可適切擇取採用。

閱讀細項技巧

1. 分析閱讀困境難點

概覽文本時，能有意識的覺察自己閱讀時所遇到的困難或障礙，並評估自己是否有方法可以解決，或者無法解決時，可先記錄、保留，以請教優秀的閱讀者，克服閱讀困難。

Key skills 閱讀中，詢問自己是否有不清楚的地方→評估採用閱讀方法來克服，或者記錄、保留，以請教他人

例 請自行閱讀這篇文章，並寫下三個你不懂或疑惑的地方。還有，你會用什麼方法來幫助自己呢？

2. 筆記閱讀內容重點

細讀文本時能隨時筆記自己所理解或未能理解的內容，一直是最具體的理解監控策略的應用。然而，閱讀筆記不僅可記錄所理解的內容，更可記下自己閱讀時的困惑。這將是閱讀理解歷程被自己看見的最佳方法之一。

Key skills 閱讀一個段落→記下本段落的關鍵詞或重點，甚至可畫圖來呈現

例 閱讀這篇文章的五個段落，分段記下你所看到的重點或關鍵詞，也可以記下你的疑問或猜測。

3. 歸納已知閱讀方法

有意識的將每次學習到的閱讀方法，或經過一段時間的學習閱讀後，歸納出自己曾經在閱讀時採用的方法，作為未來面對類似文

本或任務時使用。

`Key skills` 上課後，問自己學習到什麼閱讀方法→整理納入自己的閱讀策
略資料庫

例 這節課或這段時間的課堂活動，你學習到什麼樣的閱讀方法或技巧？請
整理納入自己的閱讀筆記。

4. 比較不同方法功能

當學生習得新的閱讀方法或技巧時，鼓勵他將已習得的閱讀方

法進行比較，可區辨出應用不同方法時的功能與效益，有助於未來

準確的應用閱讀方法。

`Key skills` 確認此次習得的方法→回顧過去類似的方法→思考這些方法的
文本對象或使用時機

例 這次我們學到了用故事結構整理文章大意，請比較之前我們如何整理說
明文的重要知識或資訊，請說出自己的比較心得。

5. 面對任務擬定策略

閱讀方法的學習，最終目的在於學生面對生活中真實文本時，

能在最短的時間內，判斷文本類型與文本目的，然後比對自己的閱

讀任務，以採取最佳的閱讀策略，得到高效率的閱讀理解。

`Key skills` 確認閱讀任務→檢視閱讀文本類型與目的→思考可採取的最佳
閱讀策略

例 這次的任務是完成一份水力發電的 500 字報告。如果要完成這個作業，
請寫下你要做哪幾件事，以及你會需要什麼樣的閱讀方法？

閱讀理解評量——另一段「學與教」的開端

學習到種種閱讀理解的技巧後，需要測試學習的結果，因此閱讀理解評量有其價值，因為它讓讀者閱讀理解的結果被看見；當然，前提是：有一份設計良好的評量或檢測。然而，當大家各自以閱讀理解評量結果來解讀，尤其是總分的部分，容易讓我們產生一種迷思，以為 90 分就不錯，80 分也很好，於是閱讀能力就被冠上一個等第，自我也滿足了。其實，即便同樣的 85 分，也要仔細評估細項的能力表現，進而思考未來應調整或強化哪一項理解能力；於是，評量結束後，另一段學與教，就展開了。

一般的閱讀理解評量的報告，可分成四大部分：「整體表現」、「題項表現」、「類項表現」，以及「學習建議」。

「整體表現」是給予學生整體的分數，這分數通常以正答率表示，並依表現情形分為優異、良好、尚可、不理想四個等第。由於閱讀理解能力攸關「自主學習」的能力，建議學生應達到優異或良好，在其他學科的學習才不至於產生障礙。如果是尚可，代表需要加強閱讀量，也要學習相關的閱讀策略。至於如何具體改善，就要參照其他題項與分項表現。如果總體表現為不理想，不僅其他學科表現不佳，連語文的基本能力都要檢討加強了。

而「題項表現」是指個人「每一題」的表現情形（也可能與整

體平均比較），與原始題目對照後，即可自行分析是作答過程中的「誤解」（粗心大意）或「難解」（無法理解）了。

　　其次是「類項表現」，這是重要的指標，因為從類項表現可以得知學生在不同理解歷程或閱讀素養上的表現，尤其對教學者或導讀者特別有意義。例如，「直接提取」與語文基本詞句認知能力有關，「直接推論」與預測或推論能力有關，「詮釋整合」與摘要或分析能力有關，「比較評估」與內容或形式的評估能力有關。依此標準，就可以知道應加強學生哪一面向的閱讀理解策略。

　　最後，檢測結果如果可以附加「學習建議」就更好了。就學生本身而言，學習建議就是未來學習閱讀的起點。表現優異要維持，表現不足則要強化。如果學生對學習建議不甚了解，就應該請老師指導或與家長共同討論努力的方向。

　　學無止境，每次的閱讀理解評量，都是讓孩子再次認識自己的機會，學會看見自己的優點，也會了解自己努力的目標與方向。因為，信心與努力就是未來學習成功的基石。

📖 閱讀進化特區

理解策略的指導與理解測驗結果之研究

　　基於過去的相關閱讀教學理論所提到的，明確教導學生閱讀理解策略，能幫助學生的閱讀發展，Prado 與 Plourde（2011）依此進行「提升學生閱讀理解之單組前後測」實驗研究。其研究對象為小學四年級學生，以西北評量協會之測驗（NWEA）作為依變項，探討在接受明確策略教導後，學生在該測驗的成績是否有進步。

　　「明確策略」是指：透過提問澄清意義、利用背景知識進行連結、進行推論和結論、將讀到的內容視覺化或繪製心智圖像、指出最重要的想法或主題、摘要訊息、使用「修復」（fix-up）策略，如跳過、重讀、查字典或大聲朗讀等。

　　研究結果表示，學生在接受明確閱讀策略教學後，其 NWEA 前後測有顯著差異，意即明確的閱讀策略教學有助於學生閱讀之發展。若以性別來說，男生和女生在 NWEA 前後測表現上，女生顯著優於男生；但若只比較後測表現，男女生表現沒有顯著差異。

如何透過閱讀策略教學增進閱讀理解能力

在《Mosaic of Thought: Teaching Comprehension in a Reader's Workshop》這本探討閱讀的專書出版 15 年後，原作者 Keene 與 Zimmermann（2013）依此書的相關內容，提出了對閱讀理解策略教學之反思。他們認為「自主閱讀」可用來提升閱讀理解教學，並反思與他人討論的內容。他們強調「對話的力量」，因為當我們分享時，一個想法可以引導出其他想法、越挖越深，並可透過他人的眼睛了解看待事情的不同角度，就可以使我們有不同的思考和理解。當我們享受討論的樂趣時，便會自然的、不自覺的使用所有的理解策略（亦可稱為思考策略），而且會持續下去。

回顧過去的教學，他們發現，大多數學生並非是真正的優讀者，而僅是好的解碼者。因此，他們開始思考「專家讀者」（proficient readers）閱讀時使用了哪些策略。過去用來教導理解策略的教學方式，使我們更能反思自身的閱讀，而進一步了解閱讀理解策略並加以練習使用。一旦我們開始有意識的使用這些策略，就可以看到這些策略帶給我們的收穫是什麼，也就是我們閱讀時，促進思考與理解的架構是什麼。其次，策略教學可建立師生共同語言。事實上，學生經常缺少共同語言來表達其思考內容。對學生來說，重要關鍵的閱讀目標之一，就是獲得知識和洞見。他們需要共同語言來討論

這些想法和意見，他們更傾向於更深入的、有意識的閱讀。他們會理解到閱讀是在建構意義，而且學生更易於保留與再應用，從而建立起他們的背景知識，使自己更有智慧。

教師應增加教導閱讀理解的時間，例如教師採取放聲思考，分享閱讀想法，使學生可以看見神祕的理解歷程，發現其「心智的聲音」。當學生與文本作持續的、內在的對話時，閱讀歷程可成為一個主動的歷程。教師應在課堂中敦促學生討論，要求學生寫下回應，進而產生創意，當然也要給學生更多的期望，接受學生慢慢的、專注的、有深度的讀。不過，要注意的是，我們的教學重點在讀者身上，而非文本。教師應協助孩子理解他們是如何使用策略來建立內容知識的，因為當學生具備後設認知後，他們更容易保留並再應用其所學。

值得深思的是，過去教師們視閱讀策略教學為一剛硬的、制式的方式，沒有進行深入思考的討論。只看見一個個策略名稱，卻忽略策略的核心。這些閱讀策略的核心價值，乃在於提供教師一個可以明確看見優讀者如何進行心智思考的方法，並且應用於學生的思考上，以促進課室豐富的、活潑的討論氣氛。策略不應只是一套標籤系統，而忽略享受及獲取文本的想法。學生的想法和意見應受到重視，所以應鼓勵他們更深入、更直接的投入於自己的閱讀。

　　至於要如何運用這些策略教學，文中提及幾個方法：(1)與學生一起成為學習者：意即教師需要從學習者角度，用自己的方式進行策略教學。(2)以策略教學提升理解程度：讓孩子們不只是為了趣味而閱讀，而是透過課程，獲取更重要的主題和概念。學生需要有意識的、能思考的認知他們如何把意義與背景知識建構起來，並且意識到閱讀策略是幫助他們深入閱讀的重要工具。(3)利於評量結果：只要學生閱讀思考提升，其相關語言能力測驗結果也會提升。(4)討論、討論、再討論：為學生創造一個思想交流的安全環境，他們就會更投入並且理解更多。

　　請記住，要教好「閱讀理解」，必須廣泛的閱讀及細細審視自己的閱讀過程。理解策略是達到目的的手段，不是目的本身。

Chapter 3

階段 1：文本分析

　　南朝劉勰的文學評論名著《文心雕龍・知音篇》，其中有一句：「操千曲而後曉聲，觀千劍而後識器。」意思是：當我們操練了千首曲目後，自然能掌握音韻的旋律；當我們觀看過千種兵刃後，當然對各項武器也會瞭若指掌。

　　試問：身為教師，進行閱讀教學之前，我們究竟花了多少時間去仔細閱讀文本呢？包含了解文章的內容，推敲其意涵，評析文本的寫作目的與手法等。我們可以說，沒有文本分析的閱讀教學是盲目的，只是霧裡看花，是隨興恣意，閱讀教學的品質也就堪慮了。

　　影響閱讀理解問思教學品質良窳的基礎即在於「文本分析」。沒有好的文本分析，就沒有好的提問設計，沒有好的提問設計，就無法呈現問思教學的最佳效益。所以，文本分析是閱讀教學之必要，也是必須。

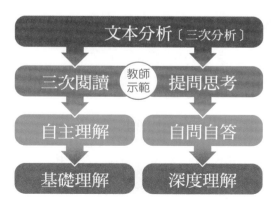

圖 3-1　文本分析功能目的示意圖

　　文本分析主要有兩個功能，讓學生擁有自主預習的「三次閱讀」能力，以及讓教師進行「提問設計」（如圖 3-1）。當學生能在教師示範下，漸次學會自己進行「三次閱讀」，將可在獨自閱讀的情況下，取得自主學習的基礎理解；當教師有了文本分析的能力，將可設計不同層次的「提問」，藉由這些提問的長久刺激，學生將可習得「自問自答」的能力，當自主閱讀時，亦可取得深度的理解。

文本分析──「文心」與「雕龍」

　　閱讀教學主要處理的不外是閱讀理解、閱讀策略，以及讀寫結合。就整體大目標而言，若以讀與寫的關係來看，閱讀教學的目標乃透過閱讀方法的指引，讓孩子越讀越「少」，越想越「多」；寫作教學的基本目標則是透過寫作的指導，讓孩子越寫越「多」，又要能維持中心思想的表達。

　　若依「讀寫不分家」的角度而言，文本分析即須關注以下兩點：

　　1. 直指「文心」：文章的核心內容。

　　2. 識辨「雕龍」：文章的寫作形式。

　　首先，若從閱讀的觀點看文本，必須分析該文本包含什麼內容（content，指字詞句段），以及這些內容所呈現的主題（subject，指題材範圍）。其次，若從寫作的觀點看文本，我們應探析作者運

用什麼寫作手法（expression）來撰述文本，包含其取材、安排、修辭等。最後，無論分析內容或寫法，其實都是為了與作者溝通，理解作者寫作該篇文章的目的；然而，除非是說明文類的文本目的直接明白，否則大部分的故事體或文學性較高的文本，其寫作主旨都是若隱若現，甚至隱而不見。這部分顯然必須多閱讀、多分析，才能有成熟的文本分析能力。

文類判別——故事體與說明文

在分析之前，必須先判別文類。因為不同文類，文本分析思維略有不同。

以 PISA 國際閱讀評量的分類而言，可分為「連續性文本」（段與段之間有接續關係，讀者會依段落安排順序閱讀，例如故事或評論）與「非連續性文本」（段與段之間較無明顯接續關係，經常包含各式各樣的圖表或提示符號等，讀者可自行決定從何處開始閱讀，例如圖鑑、購票說明、海報）。

「連續性文本」依 PIRLS 國際閱讀評量的分類，可再簡單二分為故事體（narrative text）與說明文（information text）。

📖 故事體

　　故事主要的構成元素有人物、場景、情節；依其敘事特色而言，起因、經過、結果可進一步分为「角背事反行結結」──角色、起因（背景）、經過（事件、反應、行動、結果）、結局。其中，關於「經過」，較長篇幅的文本通常會包含幾個不同的事件，以營造故事的起伏；而每個事件，通常會描述角色對此事件的反應、採取的行動，以及行動後的結果。依此，我們可以知道結果與結局略有不同，結果屬於小事件的結束，結局是作者對全文的終述（也可能不說結局）。基本架構如下：

　　1.角色（主角、配角、雙角……）

　　2.起因（背景／時、地、事、物）

　　3.[事件 1] 反應、行動、結果

　　4.[事件 2] 反應、行動、結果

　　5.[事件 3]……

　　6.結局

📖 說明文

說明文可以再分為「客觀」的說明及「主觀」的議論二類。

1.「客觀」的說明文：說明事物（如：奈米的世界／紅豆）或

事理（如：善用時間／發明與發現）。由於是客觀的說明，目的是讓讀者清楚明白，通常在文章中會「不帶情感」，標舉說明的「對象」，再依其不同「面向」（如外型、功能、特徵等），以數據或物例「分段」說明舉例，讓讀者容易理解。

　　2.「主觀」的議論文：以「論點」彰顯作者的主張、立場或觀點（如：學生應穿校服上學），通常輔以數項「論據」（即主張的理由，如：整齊、形象、公平等）為架構，分段論述其「論證」（以中外古今的例證支持自己的主張）。

文本分析三部曲

　　進行文本分析時，應依閱讀教學者的思維，由閱讀觀點分析（寫什麼），再由寫作觀點探究（怎麼寫），應可對文本分析有所概略理解。若需完整深入的文本分析，理應進行「三次分析」，並依細項將文本以不同面向解析。

說明文／客觀	議論文／主觀
・ 對象　・ 面向　・ 例證	・ 論點　・ 論據　・ 論證

第一次分析：主題細節

第一次分析的原則是從由整體到局部。

經由整體閱讀之後，應該可以掌握文章的主題／主軸（請試著用一個詞或一個短語來作為主題，如勇敢、親情、環保）。首先，應檢視全文主題與各段落之間的關係，想像如同玩連連看的遊戲，只是主題與各段落的線可分為虛線、實線、雙實線（你也可以用一顆星、兩顆星或三顆星來表示），這代表主題與段落的關聯程度，亦即，某些段落是關鍵「主述」段落（劇情轉折或重要論述），某些段落是「平敘」段落（直白淡寫），某些段落可能只是「過渡」段落（可有可無）。在說明文中，經常會明白顯示主題（有時「標題即主題」），並且會以小標題明示各段落重點。通常，我們可以透過這些主標題和文中的小標題，看出篇章的主題範疇，有助於對全文的整體理解。

在細節方面，就是要找出「關鍵語句」。以閱讀理解的角度而言，可分為影響閱讀理解的關鍵語詞，以及文本呈現的專門知識。關鍵語詞主要延續段篇重點而來。在專門知識方面，則常見於說明文類，如科普文本，依 Bloom 的分類，大致可分為事實性知識（什麼是奈米）、概念性知識（長度單位）、程序性知識（設計奈米產品的三個步驟）、後設認知知識（我對奈米這篇文章的困惑）等四

類。因此，在此次分析的過程中，應梳理文本的主題及細節，以利提問與教學設計。

第二次分析：布局手法

如果將文本分析比喻為欣賞偉大的建築，「主題細節」就是分析眼前所見的表象，而「布局手法」則是站在建築設計師的角度，思考當初「如何建構此作品」。若是故事體，通常以人物角色、事件情節、場景搭設等分析其構成與安排；若是說明文類，則可以檢視其導語標題、語句修辭、圖表輔助，或是特別的標注提示內容（將文字加底／粗體／劃線／框線）等，如何輔助主張觀點或知識題材的表述，讓讀者清楚明白作者所說明的內容。

結構，是第二次分析的重點之一，應讀出文章主題與各段落的關係，或者段落與段落之間的關係，也就是「篇章結構」。篇章結構就是作者對文本各段落的安排與組織邏輯。一般而言，常見的結構有：

1. 「順序」結構：依時間／依地點／依事件發展，常見於故事體。如〈小鞋子〉一文。
2. 「總分」結構：總分總／總分／分總，常見於說明文。如南一版課文〈紅豆〉。

3. 「並列」結構：沒有明顯前後關聯，但主軸依然從中貫穿，如〈四季之美〉，以春夏秋冬分列四段，主軸即是四季的變化。

4. 「因果」結構：在故事體中，事件的發展往往是因果關係環環相扣，可能以「因果順敘」或「果因倒敘」，或「因果交織」，如童話故事〈老鼠救獅子〉即是因果結構之例。

5. 「遞進」結構：論述的內容越來越深入。如〈審慎的選擇〉，從選擇到審慎的選擇，再到選錯時的態度，層層探究。

6. 「對比」結構：議論文的撰寫，為了凸顯論點的說服性，經常利用正例與反例，或者是與非的事例比照論述，如〈善用時間〉。

　　在細部的寫作手法分析方面，可藉由反覆閱讀領略作者的寫作特色，比如多用對話交錯，運用標點符號來暗示意義，長於刻劃人物形象，善於描繪角色心情等。此外，修辭的分析（諸如擬人、譬喻、誇張、排比、層遞、感嘆、設問等），也可以在第二次分析時提出。然而，分析這些修辭法並不是為了講解與對應專有名詞，而是為了理解作者為什麼要如此修辭。換言之，就是探究該修辭法所帶出的效果。一般而言，修辭所帶來的效果可分為「內容」、「形式」及「語氣」三方面。例如摹寫將「內容」具體化，對偶可造成「形式」的突出，以及以設問來表現「語氣」。

第三次分析：核心意旨

如前章所述，讀者與作者的關係，猶如捕手與投手的關係。好的捕手可以看清楚投手的球，也可以順利接捕。一位優秀的投手不會只是投好球的機器，而是知曉如何搭配各種球路，讓打擊者不知所措。這些安排與構思都是為了贏得勝投。所以，優秀的讀者（捕手）若能理解作者（投手）的思路，兩者的相互呼應與合作，方能出奇制勝。

作者的思路，就是文章的核心意旨，也是寫作的目的，執筆書寫的初衷。然而，困難的是，作者通常不會在文章表露出他的核心意旨，而是要由讀者細細品味揣摩而得。

如何從文本中釐析作者的主旨、思想與觀念呢？這顯然不是一件容易的事。其實，作者的核心意旨往往顯露在文本當中，可以從作者留下的「蛛絲馬跡」來思考推估。建議可從「具體」的人物對話或引人注目的行為，或到作者有意重複（或換句話說）的語句等來覺察，進而分析其抽象的核心意旨。

若以文類的角度而言，說明文類（說明／議論）顯然比較容易找到文章的主旨，因為其目的本來就是為了清楚明白的透過文本表達知識或觀點。有時是客觀陳述，不表意見，具體條列說明文本主體的各個面向；或者是主觀倡議，明顯的表述個人立場，並引用各

項例證來支持自己的說法。相對而言，故事體則透過段落安排，人物的言行串場，細節的精巧布置，期待讀者能隱約領會其思想意旨。不過，某些文本的目的，也可能很單純的只是要取悅讀者（譬如童話故事／生活故事），所以不必「言必稱主旨」，否則過度推估，也許是另一場閱讀的苦難，消減了閱讀的樂趣。

　　第三次分析乃基於第一次「寫什麼」（what）與第二次「怎麼寫」（how）的分析，進而探求作者「為什麼這樣寫」（why）。此三次分析乃是閱讀教學的基礎，因為一名成功的閱讀引導者，不在於活動有多少，而在於「自己到底讀懂多少」。

　　總結三次分析，用表格歸納整理（如表 3-1），一目了然。

表 3-1　三次分析程序表

程序	分析項目		分析結果
第一次分析：主題細節	(1)主題關聯 　・主題 　・段意 　・結構	(2)關鍵語句 　・詞語 　・句子 　・專門知識	
第二次分析：布局手法	(1)取材 (2)結構 (3)句型	(4)標點符號 (5)修辭 (6)輔助形式	
第三次分析：核心意旨	(1)寫作的目的 (2)表達的觀點 (3)寓含的道理		

範例 短篇小說〈禮物〉❶

第一次分析：主題細節

1.身為讀者的我，如何用一句話／短語說出該文本的主要內容，還有該文本帶給我的感受？

2.我該如何分出意義段？

3.我要用哪一句話為意義段標示其大意？

4.我圈出關鍵語詞，試著整理一下文本內容，以對應前面的思考，想一想有什麼樣的關聯？

第二次分析：布局手法

1.這篇文章的主要取材是什麼？

2.我該如何思考這些段落的排列、段落之間的關係為何？

3.最令我印象深刻的段落或是一句話是什麼？

4.作者使用了哪些標點符號、修辭技巧、輔助形式？

第三次分析：核心意旨

1.我覺得這篇文章可以用哪個語詞或短語來表示全篇意旨？

2.文中有哪些語詞、句子或事例可以佐證我的想法？

3.這些詞句是如何表現的？如何搭配的？展現了什麼效果？

4.作者想要表達什麼觀點？或文中的景物各自寓含什麼道理？

❶ 本文為 PISA2006 年試題樣本。中文版請參考 http://www.sec.ntnu.edu.tw，可自行下載閱讀。

表 3-2　〈禮物〉的三次分析表

程序	分析項目		分析結果
第一次：主題、細節	(1) 主題關聯	・主題	〈禮物〉（女人與豹的相遇、互動與結束）
		・段意	1～4 段：背景交代（孤單、無助、無望的女人） 5～11 段：她與豹的互動（與禮物的關係為何？） 12 段：結局（各自回歸原本的生活）
		・結構	順序結構
	(2) 關鍵語句	・詞語	禮物、葬禮、顫抖、震驚、白骨
		・句子	・「一聲吼叫驚醒了她，那吼叫聲異常淒厲……」 ・光線從雨中透進來，好像是另一種黑暗降臨。 ・「等一會兒我再來處理你吧！」 ・之後，她不加思索的放下了槍，繞過了床，走到廚房去。 ・豹不見了。從房廊到活橡樹，直到更遠的低窪地上，都留下一道模糊不清的足印，且逐漸消失在軟泥中。 ・在房廊上還有被啃咬完的火腿所留下來的白骨。
		・專門知識	洪水、豹、獵槍
第二次：布局、手法	・取材		角色（女人與豹）、場景（洪水與屋子） 情節（互動過程／情緒起伏）
	・結構		順序結構——以女人情緒心態的變化組織段落的起承轉合。
	・句型		・現在，沒有人可以來到這裡了。 ・她可以放聲大哭，但都只是徒勞，沒有人會聽到。
	・標點符號		無特殊標點符號，但善用逗號，切斷她的思緒
	・修辭		摹寫、譬喻、狀聲、轉折……
	・輔助形式		無特殊輔助形式，純粹以文字鋪排
第三次：核心、意旨	・寫作的目的		禮物的多元意義
	・表達的觀點		女人與豹彼此互為禮物
	・寓含的道理		放手，有時就是最好的禮物。

實作練習 新詩〈雨落在高雄的港上〉／余光中

雨落在高雄的港上

淫了滿港的燈光

有的浮金，有的流銀

有的空對著水鏡

牽著恍惚的倒影

▶▶ 首先找出影響這段最重要的關鍵——燈光。表示此時高雄港已經接近晚上。再掌握另一個關鍵——雨。雨改變了高雄港的樣貌，包含溫度下降、情景變化。若只有下雨，那我們只會看見灰濛濛的一片，而「浮金」（黃燈）與「流銀」（白燈）是不同顏色的燈光在雨天時造成的視覺效果，藉此描寫出這首詩的意象。只要掌握到這兩個關鍵點，就可以了解這首詩如何描寫後續的「變化」。

雨落在高雄的港上

早就該來的冷雨

帶來的一點點秋意

帶來安慰的催眠曲

把幾乎中暑的高雄

輕輕的拍打

慢慢的搖晃

哄入了清涼的夢鄉

▶▶ 第二段帶出了這首詩的季節為「夏天」。描寫的時間越來越接近夜晚，整個港口的工作都停止了。

睡吧，所有的波浪

睡吧，所有的貨櫃船

睡吧，所有的起重機

睡吧，所有的街巷

睡吧，壽山和柴山

睡吧，小港和旗津

睡吧，疲勞的世界

只剩下半港的燈光

▶▶ 第三段搭配時間與景物，在入夜時分，整個港口都停止運作，港口的燈光也熄滅了一半。從「睡吧，所有的波浪」開始，漸近擴大到「疲勞的世界」，作者透過堆疊重複的詞語，構築出由小到大的空間感與由近而遠的距離感。

有的，密擁著近岸

有的，疏點著遠船

有的流銀，有的浮金

都靜靜映在水面

一池燦燦的睡蓮

深夜開在我床邊

▶▶ 第四段開始淡化燈光的描述，以虛擬的筆法模糊現實和夢境，帶入讀者的想像世界。

這是一首詩，詩本是精鍊的語言，會藉由許多虛實的手法構設情感的投射。文本分析首先掌握主題關鍵，並分析段落的敘寫與改變。這首詩藉著景物抒情，敘寫內容包含動態與靜態、實寫與虛寫、遠景與近景。這些都是作者行文時手法的變化，也是引領讀者閱讀的方向。

好吧！接下來，由您來試試，根據表 3-1 來詳細分析這首詩囉！

三次閱讀：教師的簡易文本分析／學生的自主閱讀

　　文本分析是教師在備課時，透過三次有方向性的分析，讓文本的重點浮現出來。其實，文本分析的概念不僅應用於教師的備課，還可以將「簡易版的文本分析」方法教給學生，讓學生能對閱讀的文本有初步的認知與理解。這就是以下要說明的「三次閱讀」。三次閱讀是指導學生有目的、有系統的進行文本的初步分析。以下為三次閱讀的重點：

1. 印象閱讀：讀出主題、樂趣或疑惑。

2. 讀懂內容：提取與主題相扣的重要詞語、句子、段意或主旨。

3. 讀出寫法：分析作者寫作的主軸、架構、取材、技巧、特色、
　 風格等。

　　簡言之，閱讀教學前，可指導學生在家自行透過「三次閱讀」的方向，釐析文本的重點或疑惑。

　　以下〈小鞋子〉作為三次閱讀放聲指導的示例。

範例 〈小鞋子〉❷

　　星期天早上，媽媽整理房間的時候，拿出了一堆小鞋子。我看了一下，哇！有娃娃鞋、小布鞋、小皮鞋……，雖然看起來舊舊的，可是都洗得乾乾淨淨。

　　我大聲說：「好可愛的鞋子！」媽媽笑著說：「這些都是你小時候穿過的啊！」

　　有一雙鞋圓圓的，像小飛盤。媽媽告訴我：「這是你的第一雙鞋子，那時候，你才滿月呢！」我張大眼睛，真不敢相信自己穿過這麼小的鞋子。

　　媽媽又拿起一雙小布鞋，有一隻鞋的鞋面上，還貼著小白兔。媽媽說：「你學走路時，天天穿它，因為常常跌倒，所以有一隻小白兔『跑走』了。」媽媽的記性真好，這麼久以前的事都還記得。

　　我指著另一雙小皮鞋說：「真漂亮，好像小船一樣。」媽媽說：「那是你三歲時，外婆買給你的生日禮物。」聽媽媽這麼說，讓我更想念疼愛我的外婆。

　　我把鞋子由小到大排一排，比一比，看起來真有趣。我對媽媽說：「這些鞋子都比我現在穿的小好多啊！」媽媽看了一眼我排的鞋子，輕輕的拍拍我的頭說：「這表示你一年比一年長大了。」是啊！真快，隨著時間悄悄的過去，我也在不知不覺中升上三年級了 。

---

❷ 本文取自國小國語文第五冊第二課（康軒版）。

〔步驟1〕印象閱讀：讀出主題、樂趣或疑惑

　　讀書先讀皮，讀文識標題。首先看文章的標題：小鞋子。

　　通常，我們能透過文章標題來預測文章可能的內容，而且應用「預測」策略會使讀者對文章產生好奇。例如：內容是不是與小鞋子有關呢？是不是要介紹鞋子呢？或是小鞋子只是某種象徵或意涵？預測完之後，我們會先保留與「小鞋子」的相關概念，接著，再來逐段閱讀文本內容。

　　第一段：星期天早上，媽媽整理房間的時候，拿出一堆小鞋子。我看了一下，哇！有娃娃鞋、小布鞋、小皮鞋……，雖然看起來舊舊的，可是都洗得乾乾淨淨。

遇見思考 看完了第一段，可以知道這一課不只是在談論某一雙鞋子。

　　第二段：我大聲說：「好可愛的鞋子！」媽媽笑著說：「這些都是你小時候穿過的啊！」

遇見思考 讀完第二段後，開始會從「小鞋子」的概念再聚焦到「我的小鞋子」，內容在談論主角小時候穿過的小鞋子。

　　第三段：有一雙鞋圓圓的，像小飛盤。媽媽告訴我：「這是你的第一雙鞋子，那時候，你才滿月呢！」我張大眼睛，真不敢相信自己穿過這麼小的鞋子。

遇見思考 再從很多小鞋子聚焦到第一雙鞋子，是主角滿月時候的鞋子。

第四段：媽媽又拿起一雙小布鞋，有一隻鞋的鞋面上，還貼著小白兔。媽媽說：「你學走路時，天天穿他，因為常常跌倒，所以有一隻小白兔『跑走』了。」媽媽的記性真好，這麼久以前的事都還記得。

遇見思考 第二雙鞋出現了，是主角學走路時候的鞋子。看到這邊，可以預測到有可能會出現第三雙鞋子。

第五段：我指著另一雙小皮鞋說：「真漂亮，好像小船一樣。」媽媽說：「那是你三歲時，外婆買給你的生日禮物。」聽媽媽這麼說，讓我更想念疼愛我的外婆。

遇見思考 第三雙鞋子是三歲時候的。

第六段：我把鞋子由小到大排一排，比一比，看起來真有趣。我對媽媽說：「這些鞋子都比我現在穿的小好多啊！」媽媽看了一眼我排的鞋子，輕輕的拍拍我的頭說：「這表示你一年比一年長大了。」是啊！真快，隨著時間悄悄的過去，我也在不知不覺中升上三年級了。

遇見思考 課文結束。回顧這篇課文的「文心」（意指文章的核心，文心不只是一個點，而比較像是一條貫穿全文的軸線）。以這篇文章來說，「從小到大」、「這表示你一年比一年長大了。」這些關鍵語句，可以確認本文的主題即是「成長」。

〔步驟 2 〕讀懂內容：提取與主題相扣的重要詞語、句子、段意及主旨

讀懂內容，從摘取段落（指意義段，非自然段）開始。摘要如表 3-3。

表 3-3　〈小鞋子〉簡易版文本分析

段落	主題
第 1-2 段	背景／伏筆——主角的小鞋子出現
第 3 段	主角滿月時候的鞋子（像飛盤）
第 4 段	主角學走路時的鞋子（有小白兔的裝飾）
第 5 段	主角三歲時的鞋子（像小船）
第 6 段	這些鞋子象徵主角的成長

當學生能以印象閱讀所擷取到的主題為基礎時，接下來就可以依此主軸從詞句段等內容，細究與主題相關的關鍵詞句。除了前述所提到的段意，以及「這表示你一年比一年長大了」等詞句之外，其後的「不知不覺」，也是理解的關鍵語句。因為，究其原意，若是讓學生自己去查字辭典的話，多數學生可能查到的詞義是「沒有知覺」。但「沒有知覺」與課文中「不知不覺」意思顯然不同，不能互相替換。在課堂教學中，教師即可以引導學生透過上下文來理解該詞義。前句的「時間悄悄的過去」加上「我升上三年級了」，便可結合學生的經驗，讓學生說一說什麼時候會覺得時間過得很快

（比如下課時間），什麼時候過得很慢（比如寫作業），即可讓學生體會到「不知不覺」其實是感慨自己沒有感受到時間的快速流逝。因此，結合本文主題「成長」，「不知不覺、時間悄悄的過去」，便是影響理解的重要關鍵語句了。

〔步驟 3〕讀出寫法：分析作者寫作的主軸、架構、取材、技巧、特色、風格等

　　理解主題與重要內容之後，接著就要思考作者如何撰寫此文，亦即讀出寫法。

　　這一篇是記敘文，記敘文的主要敘寫對象不外是人、事、物或景，藉由描述文中主角的直接經驗（所見所聞、所知所感，如親身旅遊歷程），或間接經驗（閱讀、檢索或受轉述而得，如介紹某人的生平），透過作者的寫作技巧表述出來。

（一）寫作取材

　　這一課主要以「物」領「事」（小鞋子／成長），以「事」抒「情」（成長／主角感受）；此外，也應注意到除了主角外，其實「媽媽」這個配角，也是舉足輕重。媽媽的具體行為是為小孩保留鞋子，並且記得小孩小時候的生活點滴，可見媽媽的記性很好。這個記性乃是因她特別關懷小孩，才會記得小孩小時候發生的事情。而且從最後一段「輕輕的拍拍我的頭說：『這表示你一年比一年長大了。』」

可以看出媽媽對小朋友的疼愛。從文章中人物的互動，看出作者對這個角色特質的刻劃。

（二）寫作手法

　　掌握文心，就可以從文心去討論作者展現「成長」的手法，也就是「雕龍」。本課的作者將不同時間、不同情境下的鞋子，由小變大的過程來展現「成長」。在課堂的閱讀討論時，即可結合學生的個人經驗，讓學生舉出除了鞋子之外，發現其實也有許多用品可以展現成長，如以衣服、照片等相似物品進行替換仿寫。

　　上述以放聲思考的方式，呈現「三次閱讀」的方向與步驟。雖然學生無法一次就學會，但教師若能在每次閱讀教學前，經常示範並鼓勵學生也放聲思考，或以課前的三次閱讀學習單來引領學生自我進行三次閱讀的習慣，這對學生未來的自主學習，將有莫大的助益！

📖 閱讀進化特區

高層次提問有助於閱讀理解

　　自我提問策略的應用可鼓勵讀者更充分的闡述文本內容，引導更好的思考與討論。誠如 Mayer（2003）主張，相對於被動的活動，「自我問答」能使閱讀上的學習經驗更為積極。據此，Bugg 與 McDaniel（2012）以學生自我提問，進行實驗設計與研究，他們以 48 名大學生為研究對象，隨機分配成三個組別：「自我產生細節性問題與答案組」、「自我產生概念性問題與答案組」、「控制組」。控制組重讀文章二次。實驗組設定二個自我提問的研究條件，一為細節性問題、一為概念性問題，讓學生讀文章，然後讓兩組分別產生細節性與概念性問題與答案。細節性問題，指答案是在單一句子中可找到的細節或事實內容（即 PIRLS 的第一層次或第二層次提問）；概念性問題則是答案為跨二個或更多句子中，整合起來的主題性訊息（即 PIRLS 的第三層次或第四層次提問）。事先給參與者提示如何設計這兩類問題，也會進行練習與教師回饋。

　　結果發現，三組在記憶力的測驗上，沒有顯著差異。但在概念性內容理解的測驗表現上，概念性問題組顯著高於細節性問題組，

但細節性問題組的理解表現並沒有明顯高於重讀組。換言之，在閱讀理解的第一層次與第二層次上，這些組別的差異不大，但若能引導學生自我設計概念性問題，則有助於第三層次與第四層次等高層次的理解。值得注意的是，只關注於文本細節，對於理解是沒有太大助益的。

Chapter 4

階段 2：提問設計

　　「提問設計」是閱讀理解問思教學的核心。因為沒有好文本，就沒有好問題；沒有好問題，就沒有促進理解的多元思考；沒有思考，就沒有學習。以下將說明好問題的重要性，什麼是不同層次的提問，並以提問示例、相關研究作為延伸補充。

好問題才能產生深刻想法

　　許多老師很關心閱讀理解策略的教學。何謂「閱讀理解策略」？簡單的說，讀者在閱讀時能有意識的採取某種方法或技巧，幫助自己理解文章，達成閱讀任務。換句話說，就是知道自己該如何和文本產生具體明確的互動，比如說「摘要」策略，透過判斷、選擇、刪除、重組、修飾等方法，看完文章後，可以精練所看到的文本，找出其精要內容，進而據此推估文本真正想表達的意涵。

　　因此，策略的學習對學生而言很重要。若能結合教師的有效提問，亦可引導學生學習其他策略方法，例如，「提問」與「連結」結合的策略，即可問學生：「你是不是對於一些詞句的理解，常常讀不懂它的意思？如果這一個詞不懂，可不可以將這個不懂的詞與其他學過或看過的語詞做意思上的聯想？或者，它跟這篇文章哪一個詞的意思可能是接近的？」

　　讀者以各種「連線」關係來幫助自己理解它的意思，甚至前後

文的因果關係連結，乃至於更進一步用個人經驗跟文本之間連結：「我自己過去的經驗怎麼樣，文本已經透露出什麼訊息？」其他還有預測、評估、設問、理解監控等策略，這些方式都是能具體增加理解的方法。現在很多教師都在發展與應用這些方法，這是一件很好的事，尤其對於不同程度的孩子在解決閱讀理解的困難上，都有不錯的效果。但是很多事情是一體兩面的，若太單向（只注意策略的教學）就容易忽略整體（文本的意義與趣味），較無法以整合性的理解來面對閱讀的情境。

「意義理解」與「方法習得」難以兩全時，「問思教學」剛好可以彌補這個缺憾。藉由提問所引導出的閱讀任務，讀者就要尋找可行的方法來幫助自己解決這個問題。如果給讀者單一方法，也許就只能解決單一問題。以修車為例，你可以教修車學徒怎麼修變速箱，如何更換車用電瓶……，師傅一樣一樣的教，他也一樣樣的學。之後問題來了，如果客人說：「引擎壞了。」他應該可以立刻去修，避震器壞了，他也可以立刻去修。可是駕駛如果說：「我在高速公路上忽然頓兩下、熄火，然後停住了，怎麼辦？」這個問題，修車學徒可能就沒有辦法判斷問題的所在了。這時候他可能就需要藉由整合性的能力與經驗，比如說他已經學會這些策略技巧，也遇過類似的問題，甚至可以透過機械或電機原理去理解造成問題的可能原

因，然後選擇某種方法來確認問題並修好汽車。所以，透過問題的引導，可以促使讀者進行方法策略的系統性理解，並關注問題任務的整合性理解，此兩者在閱讀的歷程中都同等重要。

　　曾經有家長問：「既然閱讀策略很重要，為什麼老師不在課堂中直接教他如何劃線、如何筆記、如何做摘要？」這些「直接指導策略」的教學，的確有其必要，但不能把所有的閱讀課都拿來教方法、學策略，因為只有方法策略的閱讀是空的、是無味的。若可以透過一個設計良好的問題，讓學生試圖應用學過的方法或技巧來回應閱讀任務，這不是很好嗎？如果只是單純教學生劃線，他也不知道為什麼要劃線，這樣的學習是沒有意義與感受的。因此，以問思教學提供給學生閱讀任務，是值得發展的課堂模式。而問思的核心，就在於好問題的設計。

讓孩子學會問自己問題

　　以課程發展的角度而言，大部分的學習內容都是螺旋性的設計，也就是重複學習，並漸進加深加廣，所以學校的課程設計都具有螺旋性的特質。其實，學習過程中「問題」的設計，也有同樣的邏輯。為什麼類似的提問（如：你認為作者透過故事想告訴我們什麼道理？）必須要反覆出現？因為當閱讀的初學者每次看完一篇文

章，常常會聽到領讀者問他：「請問這篇文章的寫作目的是什麼？它到底要告訴我們什麼？」他聽了一次可能沒感覺、兩次沒感覺，只是直覺式的思考這個問題，並尋找理解。久而久之，到了五次、六次、十次，神奇的事就會發生了，以後當他獨自閱讀文章時，那些重複出現的問題自然會浮現出來。他自己會問：「對啊，作者為什麼要寫這篇文章？」就好像我們以前剛開始看報紙的社論時，我們會覺得他的文筆好犀利，他的見解很獨到。但當你有高層次的閱讀理解能力時，不禁會想：「他為什麼要寫這篇社論，是不是對於這個事件，他想透過文字告訴我們些什麼？或者特別不想告訴我們什麼？或者是他背後還有一個隱藏的意涵。」所以，當你的閱讀理解層次提高後，只要看到一則新聞，你不會立刻相信那「真的」是一則新聞，甚至可能覺得每則新聞都是某些少數人刻意安排而呈現在報紙上的。你還會深入思考：「是不是有什麼事，是應該報導而未報導出來的呢？」

　　閱讀理解是「媒體素養」的基礎之一。在相關課程中，我們會詢問學生：「你們知道報紙每天的新聞是如何產生的嗎？」經過老師的指導，他們會知道，每天報社記者都會蒐集很多訊息，可是真正出現在報紙上的卻是只有全部資訊的少數。是誰決定哪些訊息要公告，哪些不要公告？是全部，還是部分，還是點到為止，還是全

部略過？對學生而言，這些理解其實會有強烈的衝擊，他們會發現原來這世界所發生的事，其實並不是完全呈現在報紙上，而是經過層層篩選，才到我們的眼前。由這件事讓學生了解到，他應該要進行不同層次的理解，除了對新聞能夠擷取訊息、廣泛理解、發展詮釋之外，他更能夠去反思與評估這些文本訊息對他的影響。長久的閱讀理解習慣養成之後，他就會成為一個能夠獨立思考的人，而不是只依附他人意見的人。所以，如果這類不同層次的提問能夠常常反覆出現，孩子自然而然會內化成自我提問的問題之一。

閱讀素養評量

　　在進入本章核心之前，先來談談閱讀素養的評量。閱讀能力是一國國民水準及國家競爭力的重要指標，也是終身學習的能力。而目前臺灣最廣為人知的國際閱讀評量是 PISA 及 PIRLS。PIRLS 目的是為了了解參與檢測的國家，其小學四年級兒童的閱讀能力，PISA則是測量 15 歲的學生是否具備閱讀理解能力與批判思考能力。

PISA（國際學生評量方案）

　　「閱讀素養是一種關於書寫文字的理解、應用與反思；主要目的是為了達成某種目的，發展個人知識與潛能，以及社會的參與。」

這是 PISA 對於「閱讀素養」（reading literacy）的定義。

　　OECD（經濟合作發展組織）主要是由世界幾個重要的經濟體／國家所組成，除了關心世界經濟事務外，由於有「教育為經濟發展之基礎」的共識，所以也特別關注相關的教育事務。其中，PISA（Program for International Student Assessment，國際學生評量方案）即是其具體作為之一。PISA 的檢測可分為數學素養、問題解決、閱讀素養、科學素養四大項，針對 15 歲的學生進行檢測。主要目的是了解各國學生在這些分項能力上的表現，並進行國際比較（詳細資訊可參見：http://www.pisa.oecd.org）。

　　閱讀素養是閱讀能力（reading competence）的綜合展現。「閱讀能力」較偏技術性／技巧性，是可以單一檢視的能力（如閱讀記憶能力、閱讀理解能力、閱讀推論能力等）。「閱讀素養」所呈現出來的是一種綜合性的實用知能。換言之，閱讀能力就像能使用工具箱裡每種工具的技能；閱讀素養則像是車子臨時拋錨，能立即判斷問題，訂定處理策略，切實且正確的執行，是一種整合的能力（integrated ability）。PISA 的閱讀檢測即希望透過多元的檢測向度，企圖呈現出學生的閱讀素養。其中，主要的方式是利用不同的文本形式（text format）的檢測，以得知學生的各項閱讀能力。

　　PISA 的文本形式可分為連續性文本（continuous text）與非連續

性文本（non-continuous text）。連續性文本分為：敘事（narration），強調時間與順序的判斷；解說（exposition），強調程序性；描述（description），以細項內容分辨為主；議論（argumentation），討論因果問題；指引（instruction），步驟的說明；正式文件（document）的解讀；超文字（hypertext），強調跳躍式的閱讀思考。

非連續性文本，則以資訊文件的解讀判斷為主，如圖表（charts & graphs）、表格（tables & matrices）、圖解（diagrams）、地圖（maps）、表單（forms）、訊息文件（information sheet，如時刻表、價格標籤等）、廣告宣傳文件（calls & advertisements）、證明（vouchers，如車票），證書（certificates，如學歷證書）。由上述分項的內容來看，可以發現其文本形式強調的是：「實際生活」的閱讀素養，十分符合學生於生活應用與學習的多元能力。

其次，PISA 強調閱讀歷程的思維。依其說明，閱讀素養可分為兩個主層次：「由文本獲得資訊」及「超越文本的反思」。

（一）由文本獲得資訊

　　1.如果「聚焦於文本的一部分」，其目的是為了「取得某些特定的資訊」；

　　2.如果「聚焦於文本段落間的關係」，即是為了「獲得整體的理解」或是「發展出對文本的詮釋」。

（二）超越文本的反思

　　即關注於文本的「內容」與「形式」，但特別強調對這兩者的「反思」（reflect）。

　　以上都是針對閱讀的歷程中，可能涉及的閱讀思維。

　　最後，PISA 更分成四種閱讀情境（situations）：個人興趣閱讀（如個人信件、小說等）、公共利益閱讀（如政府文告）、職業需求閱讀（如操作手冊）、教育需求閱讀（如教師手冊），以了解學生在接受基本的國民教育之後，面對不同情境時所呈現的閱讀素養。

PIRLS（促進國際閱讀素養研究）

　　2011 PIRLS 評量手冊（Mullis etc, 2009）的序言即明白表示：「閱讀是人們所有形式的學習與知識成長之基礎，更是國家社會經濟成長的重要因素。在全球化的時代，各國公民的知識水準，即代表了國家的競爭力，而知識的汲取卻來自於國民的基本閱讀能力。」國際教育成就評量學會（International Association for the Evaluation of Educational Achievement, 簡稱 IEA）下設「促進國際閱讀素養研究」（Progress in International Reading Literacy Study, 簡稱 PIRLS）即是為了上述目的而進行的。

　　PIRLS 自 2001 年起，每五年舉辦一次（2006 年、2011 年），

約 50 個先進國家參與該項檢測評比，可謂「閱讀理解能力的奧運會」。PIRLS 評量小學四年級學生（10 歲左右）閱讀理解能力並蒐集相關資訊，以判斷家庭及學校的影響程度。

依 PIRLS 的定義，「閱讀理解能力」是指：**學生能從各類不同的文本中理解、建構其意義，從而透過閱讀學習、參與社會活動，並獲得閱讀的樂趣**。除了上述的定義外，PIRLS 再將閱讀的目的依文類區分為兩種：

（一）故事體：讓讀者具文學閱讀的經驗

對年輕的讀者而言，閱讀的主要目的應是為「樂趣」而讀。讀者在閱讀的過程中，容易受到作者所營造的角色、幻想、情節、結局等所吸引，這些閱讀材料與實際生活的關係經常是充滿想像的。作者從中安排其想法、目的等訊息，並透過人物角色情節傳達給讀者，讓讀者感受到由文字語言所傳達的藝術與美感，這就是「文學的閱讀經驗」。此類文本通常以「敘事」手法呈現，大部分的童話故事即屬此類，我們在此亦稱為「敘事性」（narrative）文本閱讀的經驗。

（二）說明文：讓讀者達成資訊提取的任務

很多時候我們進行閱讀活動，是為了完成某些特定工作任務。如組裝電腦或家具，我們便要有看懂組裝說明手冊內容的能力；或

者學習的任務——完成一篇專題報告。這些閱讀目的其實廣泛存在於生活之中，並且被視為重要的閱讀能力之一；亦即，閱讀不宜偏狹的著重於與「文學」關聯的文本，亦應重視工作／任務性的閱讀，讀者必須有能力在充滿各類資訊的文本之中，檢索提取或摘要組織所需的資訊。此類文章通常以「說明性」（descriptive）文本呈現，諸如許多百科全書內容，小學的自然、社會等領域學科的內文，此類文本通常具有大小標題、清楚客觀的敘述或標注，醒目多樣的圖表，結構組織明白清楚等特徵。

PIRLS 閱讀理解的四個層次

　　閱讀時，讀者會運作其認知（或後設認知）能力對閱讀材料進行理解。「閱讀理解層次」即是在閱讀歷程中，基於個別理解與認知的不同，將讀者分成四個層次類別（types），以判析讀者在閱讀特定文本時，對該文本的理解程度。換言之，**在四個層次類別均能呈現出高度理解者，即被認為是一個優秀、成熟的讀者。**

　　因此，藉由閱讀理解評量來檢測學生「閱讀理解能力」時，即可根據一篇字數內容合宜的閱讀材料（以中年級學生而言，大約是1200字上下，有故事體和說明文），加上不同理解層次的題目與選項設計，以推估學生在不同「閱讀理解」層次的表現。

以下詳述各層次內容：

層次一：提取訊息（focus on and retrieve explicitly stated information）

讀者必須依提問內容，直接找出文章某段落詞句中，以提取特定且重要的訊息，包含與主題密切相關的訊息，文本所顯露的特定想法、論點，重要字詞或句子的定義、故事的重要訊息等。

層次二：推論訊息（make straightforward inferences）

讀者必須依提問內容，連結段落內或段落間的上下文，推斷出訊息間的關係。主要是某些事件因果關係的理解、語意模糊的詞語、某代名詞的指稱對象等訊息關係的推論。

層次三：詮釋整合（interpret and integrate ideas and information）

讀者需要運用自己的知識或經驗，整合文章各段的重要內容，再以「自己的話」回應提問的內容。例如，文本主題的確認或全文大意的歸納，人物角色特質的詮釋，跨段訊息的比較，文中訊息在真實世界中應用的可能性，某些語氣或氣氛的詮釋等。

層次四：比較評估（examine and evaluate content, language, and textual elements）

讀者需用自己的知識或經驗，比較、批判或評價作者所表現的特定意旨或寫作形式，包括作者的寫作目的或主旨，文章表現的形式與讀者的關係等。

綜言之，成熟的讀者在閱讀過程中，通常會自動進行「提取訊

息」和「推論訊息」以取得對文章內容的基本理解;若要進一步「詮釋整合」以及「比較評估」,則需要讀者提取其既有知識或經驗,建構自己對文章更深層的理解與評估批判。圖 4-1 說明何謂 PIRLS 閱讀理解的四個層次,圖 4-2 則以圖 4-1 為藍本,以童話故事《三隻小豬》為例,說明閱讀理解四個層次。

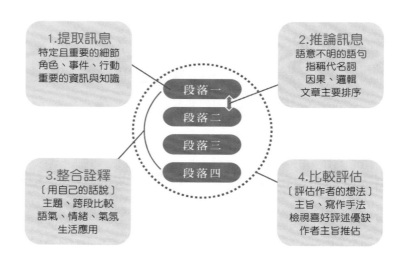

圖 4-1 PIRLS 閱讀理解的四個層次

自從 2001 年起 PIRLS、PISA 等國際相關閱讀理解評量檢測定期實施以來,閱讀理解素養(或能力)幾乎成了各先進國家衡量教育成效的指標之一。臺灣在多次參與檢測後,每次結果公布都引起檢討聲浪,尤其是中小學閱讀教育的目標、方向與做法等方面。其

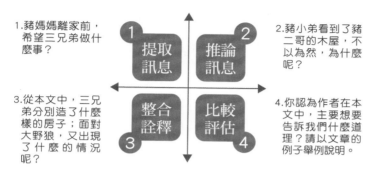

閱讀理解四層次(以《三隻小豬》為例)

1.豬媽媽離家前，希望三兄弟做什麼事？

① 提取訊息

② 推論訊息

2.豬小弟看到了豬二哥的木屋，不以為然，為什麼呢？

3.從本文中，三兄弟分別造了什麼樣的房子；面對大野狼，又出現了什麼的情況呢？

③ 整合詮釋

④ 比較評估

4.你認為作者在本文中，主要想要告訴我們什麼道理？請以文章的例子舉例說明。

圖 4-2　《三隻小豬》閱讀理解四層次示例

中，國內缺乏相關專書的理論導引與示例說明，是造成閱讀教學推展不易的重要因素之一。

PIRLS 的細項能力

　　本書依 PIRLS 四個閱讀理解層次，參考其原本的示例，再補充細分為 20 個問題細項（如表 4-1）。每道題目皆對應著一項細項理解能力，而每五道題目則對應一個閱讀理解的層次，如果提問設計兼顧這些不同層次的提問，將可對孩子閱讀理解的情況進行整體與細部分析。

表 4-1 PIRLS 細項能力 v.s. 對應題目示例

層次	細項能力	對應題目示例
提取訊息	1. 與特定目標有關的訊息	1. 當冰雪增加會使冰河變長，但是有時候冰河卻會變短，為什麼？
	2. 指出特定的想法、論點	2. 當馬群遷徙遇到困境時，長老認為要怎麼解決呢？
	3. 重要字詞或句子的定義	3. 阿弟問：「主繩的一頭綁著攀登者，那另一頭呢？」請問，「另一頭」指誰？
	4. 指出故事的關鍵場景或行動	4. 郝冷為什麼很快就發現影印機附近是最溫暖的地方？
	5. 找出文章中明確陳述的主題句或主要觀點	5. 攀岩者為了安全，幾分鐘便將手伸進腰邊的粉袋抓一下，為什麼？
推論訊息	1. 推論出某事件所導致的另一事件	1. 郝冷的尾巴斷了，對他造成一連串的影響。請寫出來。
	2. 在一串的論點或一段文字之後，歸納出重點	2. 閱讀完這篇文章，請寫出鴿子產卵的特性。
	3. 找出代名詞與主詞的關係	3. 老闆對店小二說：「以後千萬不可以再做這種事！」老闆說的「這種事」指的是什麼？
	4. 描述人物之間的關係	4. 鱷魚說的話幫了小老鼠一個什麼樣的大忙？
	5. 進行文章主要內容的排序	5. 依文章內容重新排列下面的段落大意。

	1. 歸納全文主要訊息或主題	1. 路喜在三次遷徙裡所扮演的角色，有什麼變化？
詮釋整合	2. 詮釋文中人物可能的特質，並以行為與做法佐證	2. 你認為故事中的郝冷除了怕冷以外，是一隻怎樣的壁虎？請從他說的話、做的事找兩個例子來支持你的看法。
	3. 比較及對照文章跨段落的訊息	3. 故事中哪些地方，可以看出郝冷透過「詢問」和「行動」解決怕冷這個問題？請各舉出一個例子說明。
	4. 推測故事中的語氣或情境氣氛	4. 小老鼠變成大恐龍，為什麼又開心又難過？
	5. 詮釋文中訊息在真實世界的應用	5. 請根據文章內容，說明你想去和不想去「冰河地區」的理由，請各舉出一個例子。
比較評估	1. 評估文章所描述事件，確實發生的可能性	1. 作者沒有告訴我們小安的遭遇是不是一場夢。找出一個證據來證明這可能是一場夢。同時，找出一個證據來證明這可能不是夢。
	2. 描述作者如何安排讓人出乎意料的結局	2. 作者一開始就說壁虎的名字叫郝冷，為什麼他卻把題目定為〈壁虎溫暖〉？
	3. 評斷文章的完整性或闡明、澄清文中的訊息	3. 作者先介紹安全吊帶、主繩、快扣，再介紹岩盔、粉袋與攀岩鞋。作者為什麼這樣安排？
	4. 找出作者論述的立場與目的	4. 作者安排的故事結局，有沒有合乎小老鼠「保護媽媽」的願望？請說出一個理由。
	5. 指出作者的寫作手法與技巧	5. 作者加上的段落小標題、文字框如何幫忙你的閱讀？

注：對應題目示例主要參考教育部 2011 年編著之《閱讀理解 ── 文章與試題範例》。

什麼是提問設計？

　　基於上述，我們回過頭來把焦點放在「提問設計」。「閱讀理解能力」強調「讀者」與「文本」互動，隨時回顧文本內容；若需回答作者的觀點或敘寫手法相關問題，也應舉「文本例證」說明。

基本原則

　　提問設計可依照「段落順序」，即文本第一段（意義段）至最後一段（意義段）的順序，依前述文本分析的內容重點，進行層次一、層次二的題目設計，再以整體性及寫作思維，進行層次三、層次四的提問設計。

圖 4-3　提問設計原則與程序

　　以上乃提問設計原則與程序，實務上必須再考量兩項條件：學生程度與文本類型。如果一篇 1200 ～ 1500 字的文本，基本上提問數量可以在 12 ～ 15 題之間。也就是將字數除以 100，整數部分即是參考出題數。但實際情況，仍視文本的訊息豐富度而定。

（一）學生程度

　　基本上低年級是「基本閱讀」時期，以識字與閱讀流暢性為主

要目的，所以學生應著重在直接理解歷程（層次一、層次二）；中年級為「完整閱讀」時期，應該由學生直接理解歷程，兼具間接理解歷程（層次三、層次四），高年級為「平衡閱讀」時期，直接歷程與間接歷程各半；國中為「進階閱讀」時期，以間接歷程的探究為主，強調其自身知識經驗與閱讀理解的整合與開展。

表 4-2　國中小學的提問設計建議比例（假設有 10 題）

層次別	低年級 [基本閱讀]	中年級 [完整閱讀]	高年級 [平衡閱讀]	國中 [進階閱讀]
層次一：題數／比例	4 題（40%）	3 題（30%）	2 題（20%）	2 題（20%）
層次二：題數／比例	3 題（30%）	3 題（30%）	3 題（30%）	2 題（20%）
層次三：題數／比例	2 題（20%）	2 題（20%）	3 題（30%）	3 題（30%）
層次四：題數／比例	1 題（10%）	2 題（20%）	2 題（20%）	3 題（30%）

（二）文本類型

　　不同的文本類型，提問的重點與程序有所差異（如表 4-3）。

　　故事體著重人物、場景的安排與情節的變化，以細節逐次提問來引領閱讀的理解，再至全篇的探究，較可保持閱讀的趣味性。

　　相對而言，說明文著重說明事物或事理，或者表述個人主張看法，因此必須及早讓讀者辨析文本主題與意旨，方能依此為軸，連結各個面向或例證，取得完整的理解。

表 4-3 故事體與說明文的提問重點與程序

程序 ＼ 文本類型	故事體	說明文
1	段落細節（5W1H）	寫作目的（主旨）
2	整體篇章（段意／主題）	整體篇章（段意／結構）
3	寫作目的（主旨）	段落細節（知識）
4	寫作手法（形式／修辭）	寫作手法（形式／修辭）

問題類型與理解表達的關係

提問設計有兩個很重要的概念：

一、每設計一個問題，一定要同時寫下答案。因為「問題加答案」才是學生完整的理解。當教師自己能夠提出問題，也能找出答案，代表自己能掌握文本的內容。當學生有疑問時，教師就能夠立刻給予提示，因為教師已經對於問與答了然於心了。

二、須明白每種題型皆有其不同的評量目的。常見的題型如下。

表 4-4 提問設計之常見題型

選擇題	明確的單一事實知識內容；讀者「再確認／回顧」後可理解的內容。
文字題	讀者的寫作能力可明確表達出來，或者希望呈現讀者的理由和想法。
配合題	具提示性輔助的功能。
排列題	章節間或章節內含有重要的程序性／順序性內容。
表格題	資訊或訊息具類別性、比較性。
※ 說明文偏重「主題」、「知識」與「形式」的區辨與提取。	

（一）選擇題

　　選擇題能處理單一明確的事實，像是不具爭議性的直接提取或推論訊息的答案，都建議以選擇題的形式命題。

　　另一種是比較評估性質的題目，儘管我們很希望學生能夠呈現自己的想法，但他可能因為表達能力不足，而無法充分展現自己的理解。若將比較評估的問題設計成選擇題，只讓學生選出比較合理的答案，不僅能為學生節省時間，也不會因為學生的表達能力不足，而有損對他的理解程度的評估。由於閱讀理解主要是評量學生對於文本的理解能力，所以選擇題被廣泛運用於閱讀理解的測驗中。PISA 或是 PIRLS 的閱讀理解也大多是選擇題形式。

（二）文字題

　　也稱為問答題。需要學生運用文字來回答，適合第三層次的題目。第三層次的題目內容，如形容特質、氣氛和主題等整合詮釋性內容，學生能從文章中找出答案，並用自己的話寫出答案。

（三）配合題

　　譬如以 A 配合 B 來搭配和選擇，主要的設計對象是低年級的學生，用以確認訊息。

（四）排列題

　　屬於第二層次的問題。讓學生去排序文章段落或事件順序。譬

如這個文章有四個部分，打散後讓學生排列出正確順序。

（五）表格題

　　用表格做處理資訊龐雜或是需要整理的文本，譬如文本裡面有哪些相同的情節、哪些是共同的動作與不同想法。

　　在設計題目時，必須先確認目標，評量學生的內容是否重要，如何讓學生展現他的理解，評估後再選擇用哪種題型，而不是被考試卷上的題型牽制。此外也應注意每個層次都有其適合的題型可以展現。

　　設計好的問題必須花時間進行文本分析及提問設計，建議教師可利用寒、暑假較長的假期，以學年或社群分工合作的方式，從國語課本（社會／自然科也可以）每個單元中至少挑選一課，以不同層次的題目建立一份提問單，開學後即可配合該課進行問思教學。

★〈小鞋子〉課文提問單 ★

設計者：臺北市南港國小 周宏智老師

1.（　）主角穿小布鞋學走路，因為常常跌倒，所以有一隻小白兔「跑走」了，這裡的「跑走了」是代表小白兔怎麼了？

　　　歷程：【2】推論訊息

　　　（A）牠真的跑走了

　　　（B）小白兔不想和作者玩離開了

　　　（C）牠想回家了

　　　（D）小白兔的裝飾圖案掉了 ※

2.（　）主角把鞋子由小排到大，媽媽告訴她什麼話？

　　　歷程：【1】提取訊息

　　　（A）你真乖，排得很整齊

　　　（B）趕快把鞋子放進櫃子裡

　　　（C）媽媽和外婆都很愛你

　　　（D）這表示你一年比一年長大了 ※

3.（　）本課在描述主角小時候穿過的舊鞋子，順序安排何者正確？

　　　歷程：【2】推論訊息

　　　（A）滿月時的圓鞋→有白兔的布鞋→像小船的皮鞋 ※

　　　（B）有白兔的布鞋→滿月時的圓鞋→像小船的皮鞋

（C）像小船的皮鞋→有白兔的布鞋→滿月時的圓鞋

（D）像小船的皮鞋→滿月時的圓鞋→有白兔的布鞋

4.（　）「我張大眼睛，真不敢相信自己穿過這麼小的鞋子」，主角說這句話的意思是什麼？

歷程：【3】詮釋整合

（A）他根本沒有穿過這雙鞋

（B）作者無法想像自己曾經那麼小過，覺得很驚訝 ※

（C）他很懷念那麼小的鞋子

（D）作者長大後完全不記得小時候的事

5.（　）媽媽對主角穿過的三雙鞋都記得很清楚，作者安排「媽媽」這個角色的用意是什麼？

歷程：【4】比較評估

（A）表示媽媽記性好，是個聰明的人

（B）表示媽媽長得很漂亮、很能幹

（C）表示媽媽從小就細心的照顧作者 ※

（D）表示媽媽喜歡做家事，整理東西

6.本課以鞋子大小變化來說明人的成長變化，除了鞋子外，請寫出兩項物品可以知道自己長大了？

（參考答案：如衣服、照片、襪子……）

📖 提問分析說明

第一題，學生因為需要知道因果，所以這是推論訊息。

第二題，提取訊息，主要在提取整課的關鍵句。

第三題，課文內容的排序。

第四題，此題處理的是整篇文章的內容，必須以整體理解為基礎才能回答。

第五題，媽媽雖然記性好，但課文裡面卻沒有提供媽媽聰明的線索。第一個選項雖然具高誘答力，卻仍不是此題正解。可以答對（C）選項的小孩就不容易，因為他能理解到媽媽的記性很好，是因為她特別細心關懷主角，所以才將這些事情記得這麼清楚。此題的層次為比較評估，是由於作者安排了「媽媽」這個角色，讓整篇課文變得更生動。所以我們會問：為什麼作者安排這個角色？那她的特質是什麼？如何安排的？這個角色的存在與否會不會有不一樣的效果？

第六題，是讀寫結合。讓學生能讀到寫法，進而模仿寫作。

　　透過這些題目，長期訓練下來，閱讀時，學生自然而然也會用這些問題對自己發問，內化成為學生的能力。而且不僅是學生，教師也不需要額外設計題目，因為這些提問的技巧已經內化成為老師的能力，並且運用在課堂上，形成教學的常態。這並沒有增加老師的負擔，而是在教學的過程中，展現教師的提問能力而已。

如何審視與修改提問

　　提問難，審題更難，因為人們往往看不見自己的缺失與缺漏。因此，審題的原則就顯得很重要。當我們知曉這些程序與原則，不僅可以助人，亦可自助。無形中，提問的能力就會增進許多。以下內容為筆者多年來從事審題工作的心得，在此提供給教師們參考。

（一）審題之前先看三遍文章

　　這個方法是為了思考本課的主題、主旨、重要語句、重要寫作手法，確認文章重點。閱讀完第一遍後，記錄這篇的主要內容；第二遍要找出內容重點，圈劃出關鍵語句；第三遍讀出寫作手法。在審題之前，審題者必須自己對文章有所了解，而不是直接掉入題目的思考之中。若沒有經過閱讀文章而直接審題，就只能確認題目的對或錯而已，無法看出題目的層次，以及題目是否掌握到文章的重點。

（二）快速瀏覽所有題目

　　這個方法是為了檢查是否有明顯的形式或語句錯誤。建議先不要看文章，只看題目試著作答，若是只看題目就能回答，代表題目只是評量學生的知識和經驗，而非閱讀理解。並且用學生的角度來判斷是否會答對這題，或是選項的暗示性太強。必須是能從文本中找到線索的題目，才是與文本有接觸互動。由於題目是無聲的表達，學生看到題目時，就會假想有教師在他面前念出題目，有些學生答錯不是因為他不會，而是題目含糊不清，所以必須檢查題目明顯的錯漏或是語句不通順的地方。

（三）確認層次

　　每一個題目末了都要標示出題目的層次；在文本中，層次一及二要圈詞或劃線，層次三及四須標示範圍，再回頭看剛才劃記的文章重點是否都有入題，並檢視題目是否有依文序出現。如此一來，便可得知自己對文本的理解是否與命題者的設計相符，進而給予更好更具體的建議。

（四）逐題檢閱

　　可用表 4-5 的審題檢核卡逐題檢閱題目和選項之相關內容，確認兩者之間的關係。

表 4-5　審題檢核卡（示例）

序號	題目	預估通過率（0-1）	答案所在章節頁次	層次	主要修改理由			建議修正
1	從事哪項工作必須在小學階段就先把技術學好？ 1. 蛋糕店師傅 2. 職業足球選手 ※ 3. 漫畫家 4. 小學老師	0.8	p.48	一	□通過　■修正通過　□不通過			小學時期
					A	（　）	脫離文本內容	
					B1	（　）	非主題重點	
					B2	（　）	無學習價值	
					B3	（　）	無須閱讀即可應答	
					B4	（　）	零碎不重要的內容	
					C1	（ ● ）	題幹敘述應更清楚明白	
					C2	（　）	題目含艱難字詞	
					C3	（　）	選項設計應更清楚明白	
					C4	（　）	部分選項不具誘答力	
					D	（　）	此題應為＿＿＿＿層次	
					E	（　）	其他＿＿＿＿＿＿	

　　整體而言，A 類的題目代表提問已經脫離文本內容，可能純粹是個人想法的自由表述。B 類即使沒有脫離文本內容，卻也不是文本的重點。有些題目因為問得太瑣碎而喪失學習價值，或是學習這項知識沒有太大的意義，有些題目就算不用閱讀這篇文章，仍舊可以回答……。因此只要題目標示為 A 或 B，基本上就不予採用，應予刪除。

　　再來，C、D 類屬於微幅調整即可的題目，這兩類題目須考量敘述是否清楚明白，需不需要進行調整，以及題目的表達是否符合作

答者的程度，使作答者不會因為難以理解題目的敘述（如太艱澀的用詞），而失去答對的機會。值得一提的是，選項的設計無論對錯，都要根據文本而設計，並且具有誘答力（似是而非）。此外，不同層次的問題要分列出來。

（五）檢視問答題、預設答案的合宜性

綜上所述，我們必須認知，審題的目的在於減少因出題錯誤而誤解學生理解的機會。提問設計之後，由同儕協助審題，是必要、也是專業能力的展現。

難以判斷提問層次，怎麼辦？

當遇到無法直接將題目分成四個層次的狀況時，建議先將題目分成三個層次：

1. 事實性問題：包含人、事、時、地等。

2. 推論性問題：包含起因結果，題目的設計通常都以「為什麼」、「如何」等方式來命題。

3. 評論性問題：對文章的論述等等，包含「你覺得」、「你認為」、「對你而言」等字眼。

教師若是初接觸提問設計的學習，近程目標應設定在問出「有層次」的問題即可。有層次的問題才不會讓學生覺得閱讀只是提取、

認識而已，當你促進學生思考的同時，學生也會激勵自己。有時學生「從學習中逃走」，大部分的原因是學習缺乏挑戰性（太難或太易皆是）。如果沒有給學生具有挑戰性的東西，閱讀很難更深入去思考。所以給學生高出他能力一點點的任務，使學習充滿挑戰，才能敦促他產生閱讀的興趣與動力。

好問題範例

提問的目的在於利用好的問題，能讓孩子回歸文本思考，促進學生理解內容。

問問題不一定會觸發思考，除非是好的問題。閱讀理解是個歷程，學生在懂與不懂之間是一個光譜，如果我們要帶孩子進行這一趟旅行，我們的布題就要有不同層次。真實性的文本就是學生走在路上，看到這些由文字符號組成的意義，能夠自己辨識並且解讀，才是我們關注的事。

接下來以一則故事和一則說明文進行提問示範。

範例 1 故事體──〈杜瑞爾的動物方舟〉❶

希臘小島上的自然教室

　　動物保育學家傑瑞・杜瑞爾八歲那年，媽媽帶著他們全家從英國搬到希臘附近的一座小島。島上沒有學校，傑瑞也沒有上過學，但是在大自然裡，卻讓他學到更多的東西。

　　傑瑞最好的夥伴是一隻黑色捲毛狗洛傑，後來又加入了嘔吐和肥達，他們像一個小小探險隊，在小島上到處探險，每天都花好幾個小時趴在地上看螞蟻搬東西，看螳螂產卵，他們也在樹葉堆、樹洞裡，發掘出許多從來不曾看過的小生物。

　　發現的生物越多，傑瑞的心裡產生的疑問也越多。他問媽媽：「為什麼糞金龜要推著糞球？」、「花園裡的螞蟻為什麼要圍在一群綠色小蟲身邊？」……但是，沒有人可以給他滿意的答案。傑瑞想，要是能夠飼養牠們，就近觀察，或許就能解開心中的謎團！於是，傑瑞想擁有小小動物園的計畫慢慢開始了。

走私小黑蠍子

　　傑瑞在花園的矮牆上，發現了一大群小黑蠍子。這些蠍子大概只有兩公分那麼大，身體扁扁的，有一對尖銳的螯，還有一串像是棕色珠珠串成的尾巴，就像是巧克力雕成的藝術品。大家似乎都覺得蠍子很可怕，傑瑞卻不覺得，因為這些小黑蠍子會安靜不動的讓傑瑞觀察，只要別用

---

❶ 本篇文章及試題取自 2013 年全國國小卓越盃閱讀素養評量（六年級／第一篇）／康軒文教授權。提問設計：臺北市永安國小范寶文老師／審題：許育健老師

手碰觸，牠們都很友善。

　　對蠍子的好奇，讓傑瑞忍不住在晚上跑到牆邊觀察蠍子，他看到了蠍子奇特的求偶舞，牠們高舉尾巴交纏在一起，並且不斷的轉圈圈，就像是在跳華爾滋舞一樣！可是一發現傑瑞靠近，馬上就停止跳舞，躲回矮牆裡去了。這下子傑瑞更想要養蠍子了，他想要觀賞蠍子完整的求偶過程，可是不管怎麼說，家人就是不讓他把蠍子帶進屋子裡。

　　有一天，傑瑞發現了一隻又大又胖的母蠍子。這隻蠍子和普通的蠍子不一樣，看起來好像穿了褐色的外衣一樣，原來，這是背著一群小寶寶的母蠍子。傑瑞高興得不得了，決定偷偷的把這一家蠍子養在房間裡。

　　他小心的把蠍子裝在火柴盒裡拿進屋子，正巧晚餐開始了，他隨手把火柴盒放在桌上，和家人一起吃晚餐。沒想到哥哥賴瑞想抽菸，一打開火柴盒，蠍子全爬到賴瑞手上，賴瑞大叫：「哇！蠍子！」手一甩把蠍子全丟了出去。小蠍子散得滿桌子到處都是，母蠍子也因為情緒太激動，尾巴舉得高高的，到處亂螫，把全家人都嚇壞了。傑瑞只好把牠們一家又放回花園的矮牆上，想要把蠍子養在房裡觀察的計畫也泡湯了。

書房裡的自然研究室

　　雖然因為飼養動物而帶給家人不少的困擾，不過，傑瑞並沒有因此減低對動物的興趣。媽媽也很支持傑瑞研究動物，並特地為他請了家教，希望傑瑞接受教育，將來才能進一步研究動物。傑瑞也在第一任家教——喬治的幫助下，對自然史越來越感興趣。因此，專屬的書房裡陸續出現了各種大小的水族箱和採集工具，也增加了很多和自然史、動物相關的

書籍。

　　透過喬治的介紹，傑瑞認識了席爾鐸。席爾鐸是一位醫生，更棒的是，他和傑瑞一樣熱愛動物，而且能夠回答傑瑞源源不絕的各種動物疑問。他們經常帶著採集箱和網子等器材，一起到湖邊去採集，在糾結的水草裡，用放大鏡仔細觀察其中的小生物。

　　有一次，傑瑞去湖邊採集的時候，在網子裡發現了一隻蜘蛛！他曾經在書上讀過這種住在水中的奇特蜘蛛，沒想到居然能親眼看到。傑瑞帶著採集箱，興奮的跑回家，將蜘蛛放入水族箱中觀察。水蜘蛛選定築巢的地點後，會仔細尋找支架織網，完成之後，再利用身上的絨毛捕捉空氣搓成氣泡，一次又一次慢慢的收集成大氣泡，再安穩的住進氣泡屋裡。傑瑞一整個下午都目不轉睛的看著水蜘蛛工作，一點都不覺得累！

　　「原來水蜘蛛就是利用氣泡在水中生活啊！這個方法真棒！」親眼觀察水蜘蛛築巢的過程，帶給傑瑞很深的印象，因為每個過程都比書上的描述還要生動，更讓他感受到大自然生物的奧妙。

學習照顧動物

　　傑瑞書房裡的住戶越來越多，他曾經養過壁虎、烏龜、水蛇、海馬、青蛙等。每過一陣子，傑瑞就會把已經觀察過的動物放回野外，讓牠們回到大自然裡生活。他每天記錄這些動物們有趣的事情，並且寫成觀察日記，也會找書來讀，研究和學習照顧動物的方法。

　　照顧角鴞「尤利西斯」就是個最特別的例子，尤利西斯不喜歡住在籠子裡，所以傑瑞就讓牠在書房裡自由活動。白天牠會停在書房窗簾的

桿子上睡覺，等太陽下山，尤利西斯才醒來並飛出窗外打獵。傑瑞每天不管多累，一定會記得幫尤利西斯準備一盤切碎的雞心，放在窗子外面等牠回來吃，因為他擔心牠沒找到獵物，等一切準備好後，傑瑞才能安心的去睡覺。

為最愛的動物們保留最後的方舟

就這樣，傑瑞在小島上度過了一段和動物們相處的童年生活，這段日子也影響了他的一生。傑瑞長大之後，希望為動物們做更多事，所以，他到動物園工作，甚至遠征到非洲、南美洲等地去調查珍奇動物的生活，但卻發現有許多珍貴、奇特的動物，因為人類的忽略和環境被破壞，而漸漸在地球上消失了。

傑瑞決定要保護牠們，在他三十四歲那年，成立了澤西動物園，這座動物園以保護瀕臨絕種的動物為目標，希望這些帶給他無窮樂趣的動物們，能永遠生存下去，也讓以後的人都有機會欣賞到牠們美麗與可愛之處。

📖 提問設計

1. 從什麼地方可以看出杜瑞爾對於動物有著濃厚的興趣？

（A）白天在窗簾桿子上觀看角鴞求偶

（B）寫觀察日記記錄動物的生活趣事

（C）目不轉睛的觀看螞蟻的築巢過程

（D）到動物園工作並遠征調查珍奇的動物

（E）每天花好幾個小時趴在地上看小生物

　　　① ACD

　　　② BCE

　　　③ ABE

　　　④ BDE ★

2. 下面哪一個不是黑蠍子深深吸引杜瑞爾的原因？

　①外形像巧克力雕成的一件藝術品

　②小蠍子很可怕但見到人會躲起來 ★

　③背著一群小蠍的母蠍像穿褐大衣

　④觀察到奇特的求偶舞卻意猶未盡

3. 杜瑞爾從小就喜歡觀察生物，但是學會隨身帶著器材，採集生物，

印證所讀等，這是從哪一次的觀察開始？

　①黑蠍子

　②水蜘蛛 ★

　③小螳螂

　④小角鴞

4. 杜瑞爾說：「原來水蜘蛛就是利用氣泡在水中生活啊！」他對這
　　個發現有著什麼樣的感受？

　　①疑惑不解
　　②驚喜連連
　　③恍然大悟 ★
　　④感動不已

5. 關於杜瑞爾書房裡的自然研究室，下面哪一項是錯誤敘述？

　　①在那兒幫忙動物繁衍下一代 ★
　　②裡頭住戶包括水上陸上的生物
　　③在那兒記錄動物的生活和趣事
　　④在那兒順應動物習性用心照料

6. 杜瑞爾雖然沒有接受過學校教育，卻能不斷學習的原因是什麼
　　呢？

　　（A）小島上有著各式各樣的小生物
　　（B）母親支持他並特地為他請家教
　　（C）小水蜘蛛安靜不動的讓他觀察
　　（D）喬治帶領他閱讀自然史和動物方面的書籍
　　（E）認識熱愛動物的席爾鐸，一起到野外採集和觀察

　　　　　①BCDE
　　　　　②ACDE
　　　　　③ABDE ★
　　　　　④ABCD

7. 母親的支持對杜瑞爾的學習有什麼影響？

　①從「揣摩自學」邁入「閱讀深究」階段 ★
　②從「印證學習」邁入「興趣探索」階段
　③從「閱讀深究」邁入「合作學習」階段
　④從「興趣探索」邁入「揣摩自學」階段

8. 文章中提到「動物方舟」和「最後的方舟」，請問「方舟」指的
　是什麼呢？

　①希臘島
　②南美洲
　③研究室
　④動物園 ★

9. 杜瑞爾成立澤西動物園，對於珍奇動物可能產生什麼影響？

　①恢復人類破壞的環境
　②解除瀕臨絕種的危機 ★
　③吸引觀賞動物的人潮
　④展現動物可愛的一面

10. 從杜瑞爾的童年生活及長大後的作為，我們可以知道他是個什麼
　樣的人？

　①堅持而具行動力 ★
　②幽默風趣有教養
　③愛護植物有方法
　④仁慈而有判斷力

11.作者已經用了「書房裡的自然研究室」的標題，為什麼又出現「學習照顧動物」的標題呢？

　①內容太多所以用標題提示
　②想要再舉一個例子來說明
　③凸顯杜瑞爾細心對待動物　★
　④因為尤利西斯非常的特別

範例2 說明文──〈生活中的重要幫手〉❷

臭臭的英雄──馬桶

　　上個禮拜天我上完廁所後，馬桶竟然不通了，那時家裡還有客人，好糗呵！還好爸爸用通廁器幫我解危，才沒有發生便便危機。

　　爸爸說，是我丟太多衛生紙在馬桶裡，害它「消化不良」。可是，到底是哪裡被塞住呢？

　　我上網找資料，看了之後，我真的好佩服發明沖水馬桶的人呵！

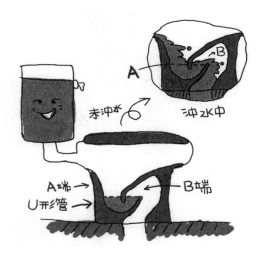

　　原來馬桶裡有一個像U字型的管道。它的A端是開放式的，便便和水箱的水都是從這裡下去，B端則是一個大迴轉，接著一個往下的大管子。

　　這個大迴轉就是根據「連通管原理」設計的呵！當沖水時，A端的

❷ 本篇文章及試題取自2013年全國國小卓越盃閱讀素養評量（六年級／第二篇）／康軒文教授權。提問設計：臺北市永安國小 范寶文老師／審題：許育健老師

水位就會超過 B 端轉彎的最高點，這時，被強勁水力沖走的便便就會從
B 端這頭「滿」出，可是，如果有東西堵住迴轉的地方，讓水過不去，
結果就會……

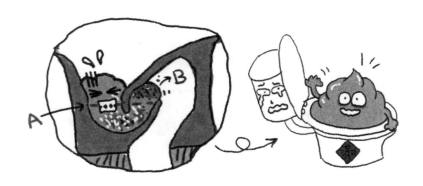

　　當水面平穩之後，U 形管內還會留著一截水，就是我們平常看到馬
桶裡的水，可別小看這些水呵！因為它可以擋住便便和尿尿沿著水管飄
上來的臭氣，讓室內空氣保持清新。家裡廚房的洗碗槽、浴室的洗臉盆，
底下都有這種 U 形水管的設計，就是為了隔絕臭氣。

　　下次，絕對不能再讓馬桶「消化不良」了，絕對！

◎「連通管原理」就是在水
可以自由流通的管道內，
水面都會保持水平喔！

冰箱冰過頭了

今天打開冰箱冷藏室，想吃我愛吃的小黃瓜。但是沒想到，可愛的脆脆小黃瓜竟然變成了硬邦邦的「冰棒」！就連其他的青菜也結冰了，我趕緊告訴老媽這個不幸的消息，老媽鎮定的說：「大概是冰箱的冷媒出了問題，我再找人來修，只是可惜了這些菜！」

雖然老媽這麼說，但我才不想浪費小黃瓜！我決定讓小黃瓜退冰之後試試看。等了半個小時，盤子裡的小黃瓜還是黑黑的，更慘的是，它竟然軟啪啪的躺在一攤水裡，一點精神也沒有。

我急忙跑去問老媽，老媽竟然冷冷的回答說：「蔬菜凍傷本來就不能吃！」凍傷？到底發生了什麼事？為什麼只是結個冰，就讓蔬菜凍傷了，好味道通通不見了？我決定好好研究一下。

經過明查暗訪，原來一切的祕密在於「水」！

蔬菜的水分儲存在液泡中，這些水分結冰之後，就會變成長滿刺的冰晶，把植物液泡刺破，裡面的水分就會流出來，像漏水的水球，一點一點的變軟，而且連帶使得營養也會被破壞，讓風味和營養都變差，連顏色都會變成黑褐色！

唉！冰箱啊！請你快快恢復健康，別讓慘劇再一次發生啊！

冰箱為什麼會冰？

　　冰箱背面和裡面有一些彎彎曲曲的管子，裡面填滿了「冷媒」這種特殊液體。冷媒從液體變成氣體的過程，會吸收大量的熱量，因此會讓冰箱裡的溫度降低。接著，這些管子會把變熱的氣體冷媒送到外面的管子，再經由冰箱後面的黑色油漆和金屬片讓熱更快的散出去，之後再變成液體冷媒，回到冰箱裡面繼續吸熱，所以冰箱就可以一直維持冰冰的狀態。另外，使用冰箱之後，記得要把冰箱的門緊閉，才能讓冷媒有效運作呵！

📖 提問設計

12. 作者介紹生活中的重要幫手，主要是要告訴我們什麼？

　①科學新知的獲得

　②生活問題的解決

　③家庭用品的使用

　④科學原理的應用 ★

13.「消化不良」在文中出現 2 次，請問它指的是什麼意思呢？

　①丟太多紙

　②無法沖水

　③馬桶堵塞 ★

　④水位太高

14. 下列哪一個敘述與「連通管原理」有關？

　①洗澡時蓮蓬頭接著彎彎的水管

　②家裡洗碗槽下方有彎彎的管子 ★

　③冰箱背面有著彎彎曲曲的管子

　④澆花時水龍頭接著長長的彎管

15. 小黃瓜冰過頭，變得黑軟又難吃。主要是因為小黃瓜裡的什麼物

　　質產生變化而造成的結果？

　①營養

　②水分 ★

　③纖維

　④水晶

16. 作者用什麼方式告訴我們冰箱運轉的原理？

　①使用插圖來說明

　②透過主角的觀察

　③加上文字說明框　★

　④藉由媽媽來解釋

17. 文中為什麼說冷媒是一種「特殊的」的液體呢？

　①隱藏在冰箱裡

　②可以改變形態　★

　③在彎管裡流動

　④冰箱不能少它

18. 下面是運用冷媒讓冰箱維持低溫的運作過程，請排出正確的順
　　序。

　（A）透過金屬片散熱

　（B）冷媒吸熱

　（C）彎管裡有液體冷媒

　（D）把氣體冷媒送到冰箱背面

　（E）冷媒回到冰箱裡

　　　　① CBDAE　★

　　　　② ACBDE

　　　　③ EACBD

　　　　④ BADEC

19. 從「冰箱為什麼會冰？」中，可以知道冰箱管道內的冷媒是如何
　　變化的？

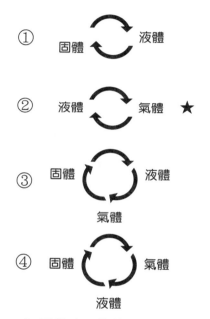

① 固體 ⟲ 液體

② 液體 ⟲ 氣體　★

③ 固體 ⟲ 液體　氣體

④ 固體 ⟲ 氣體　液體

20. 如果作者要增加文章的內容，介紹第三個小知識，那麼作者接下
　　來可能會怎麼寫呢？

　①說明愛惜冰箱方法
　②解釋如何修理馬桶
　③再舉一個生活事例 ★
　④教導如何放置食物

📖 閱讀進化特區

提問設計與應用策略之教學研究

　　過去研究提及教師花時間教學生提問，但不太花時間教導學生回答問題的策略，因此 Parker 與 Hurry（2007）採內容分析方式，觀察英國 7 至 11 歲教室中教師教學情形，進行閱讀理解提問與策略教學之探討。研究對象為 51 名英國小學教師，分別在英國 13 所 Key Stage 2（7 至 11 歲）教室進行教室觀察紀錄。其認為明確的閱讀策略教導與練習，對文本提問而言是一項有效的工具，能提供兒童產生自己提問的機會，提高學生閱讀理解能力。資料蒐集方式採教師訪談（教師描述他們認為有益的閱讀理解策略，以及他們課堂上會用的）、課堂錄影觀察紀錄、記錄課堂中的提問與回答，並將這些資料進行內容分析。

　　在教室觀察後發現，大多為教師直接提問，並於教導理解策略時採主導形式。而教師在分享文本時，示範一些理解的策略，但沒有明確指導使用這些策略，也不鼓勵孩子產生自己的問題。文本理解涉及三個層次問題，即字面、推論與評價，由教師的訪談分析中發現，教師認為教師主要是字面和推論層次的理解，而不是評價層

次的；其次，提問對理解的教導是重要的策略，但教師並不期待學生自己提問。

　　實際教學觀察也發現，教師多直接提問，而且三分之二的提問為封閉式問題、事實性的記憶問題；教師提問 48％為字面上的、50％為推論的、2％為評價的。學生發起的提問僅 5％。

　　而針對教師對學生回答之回饋，是否能成功促進對話，達到進一步探究、理解，其中分類為三種型態：（1）只回應對或錯；沒有進一步對話。（2）給予更多的解釋或發展學生的答案、或解釋為何答案是不對的；由教師延續對話。（3）教師要求學生發展他們的答案、重新思考、或進一步解釋；將對話權轉移給學生。研究發現，師生間僅 18％為第三種情況，其餘多半為教師主導的肯定與否定的回應。教師建構策略模式，即教師使用「放聲思考」方式進行者，觀察發現僅 9 個例子有理解策略的明確指導與使用機會。

透過提問設計，有助於提升閱讀的教與學

　　以學科內容的閱讀而言，Fordham（2006）探討提出問題作為內容閱讀（content reading）之理解策略，以幫助教師透過提問增進學生之閱讀理解上的影響。內容閱讀即指學生學科內的閱讀，如學校內的國語、數學、歷史、自然等閱讀；而其所謂「內容閱讀教師」，

是指幫助學生理解學科學習內容的教師，像是我們學校教國語、數學、歷史、自然等的教師。其研究結果顯示：內容閱讀教師能否「有技巧的」幫助學生在課程中取得閱讀理解是成功學習的關鍵，而且教師對閱讀材料的提問，其核心應有明確的意圖與目的，以提升學生的理解水準。

要如何區別提問呢？文中提到理解的核心在於當學生閱讀時，他們是怎麼思考的，而該思考的品質則取決於教師的提問。教師的提問，可以是閱讀之前、之後或當下，也可以是開放的或封閉式的，亦可以是基於文本的、推論的或應用的。他引用了McKenzie（1997）提出的18種問題，包含：基本、探索、澄清、假設及策略等五種類型。其中，策略性問題（strategy question）──關注如何使文本理解更有意義，這類問題較少出現在師生的互動過程中。

關於閱讀過程中的提問，是否有助提升閱讀理解。研究指出：透過提問，我們會進行刻意的思考，來幫助我們閱讀不熟悉的地方。然而，相較於理解到了什麼，應更著重在如何理解較具挑戰性的文本。**教學的重點不應是印刷文字，而是讀者與文字的互動**。因此，如何設計使用策略性問題很重要。

Fordham 為此設計了一套閱讀的教學模式。

1. 學習「策略工具」很重要，如：喚起背景知識、復習先前材料、

預測、連結、提問、推論、視覺化、澄清、自我監控、摘要及評估等。

2. 用語言或文字表達個人思考歷程，**教師可示範**給學生看。

3. 再者，教師可使用**嵌入式問題**，在幫助閱讀困難者閱讀文本時，可以知道應該要做些什麼，以及是否作了自我評估。應慎記：**意義是建構出來的，不是被發現的**。

4. 最後，使用表格呈現提問與策略。做法是：用第一張便利貼寫下幫助閱讀困難者的提問，再用第二張便利貼寫下幫助閱讀困難者的可用策略。

由上述模式可知，教師的提問能力是教學成功與否的重要關鍵。表 4-6 是 Fordham 的研究紀錄，呈現了教師提問能力的改變。

表 4-6 教師提問能力的改化（訓練前 v.s. 訓練後）

Attempt 1（訓練前）		Attempt 2（訓練後）	
教師接受訓練前的提問	問題類型	教師接受訓練後的提問	類型
Q：為什麼買土撥鼠會被禁止？	・類型：文字解釋 ・目的：達到理解 ・時機：閱讀中或閱讀後	Q：你有沒有聽過 pet peeve 這個詞？你覺得它可能是什麼意思？	・類型：策略問題 ・目的：喚起背景知識、連結、上下文推論 ・時機：閱讀中
Q：檢疫的意思是什麼？	・類型：文字定義 ・目的：以上下文理解 ・時機：閱讀中或閱讀後	Q：你可以在文本的哪裡找到「外來（exotic）」的定義？這個定義是否適用於本文的主題呢？【注：文章底注明「奇怪而迷人的，或從其他國家來的」。】	・類型：策略問題 ・目的：推論、使用上下文 ・時機：閱讀中
Q：如何透過外來動物更有效的控制疾病？	・類型：文字解釋 ・目的：達成文本的理解 ・時機：閱讀中或閱讀後	Q：閱讀時，請觀察並列出在文本或照片中所提到的外來寵物。牠們有什麼共同點？	・類型：策略問題 ・目的：推論、連結 ・時機：閱讀中
Q：你覺得為什麼人們想要外來寵物？	・類型：推論理解 ・目的：推論達到寓意的理解 ・時機：閱讀中或閱讀後	Q：為什麼會有人想要土撥鼠作為寵物，而不是狗或貓？	・類型：策略問題 ・目的：推論 ・時機：閱讀中
Q：你認為應該立法禁止外來動物的買賣嗎？	・類型：應用、評估與回應 ・目的：應用文本的資訊 ・時機：閱讀後	Q：你認為土撥鼠的自然棲息地長什麼樣子？	・類型：策略問題 ・目的：創造心像、視覺化 ・時機：閱讀中
		Q：有哪些其他疾病像 monkeypox 一樣，喚起你的記憶？	・類型：策略問題 ・目的：喚起背景知識、進行連結 ・時機：閱讀中
		Q：根據你目前已經閱讀到的內容，你認為所有的土撥鼠都帶有 monkeypox 疾病嗎？	・類型：策略問題 ・目的：推論、連結 ・時機：閱讀中
		Q：你和外來寵物迷一樣，是否也認為政府是在給這些動物貼上「壞名聲」的標籤？	・類型：策略問題 ・目的：評價 ・時機：閱讀後

　　參與實驗的教師經過訓練之後，可發現：教師的提問由先前文字或字面解釋的提問，漸漸改為以策略引導為主的提問內容。這個研究顯示，不可假定職前或在職教師有能力「自動的」將策略連結到教學中的提問。以「內容閱讀」為主的教學，需要教師明確定義策略性問題，並且分辨提問的型式。換言之，在提問設計的教學培訓過程中，教師必須藉由培訓者明確的示範與實作練習，以及評估問題能達成理解的效果，而非只是讓受訓教師們自我討論。

以不同層次的問題，檢視學生的理解情形

　　Dwyer（2007）在探討透過提問提升學生理解能力一文中，提及 Trosky 的提問種類能提供教學上快速而有效提升理解的方法。Trosky 的六個提問類型為：(1) 確認問題；(2) 重述問題；(3) 推理問題；(4) 評估問題；(5) 解釋問題與 (6) 想像力問題。Dwyer 曾運用此提問方式在四年級學生、中學生、大學生作過研究，透過這樣的提問設計可促進學生閱讀理解。要注意的是，此提問類型的提出，不是要將問題分類，而是在促進教師產生好的問題。使用這樣的技巧，教師始可不再侷限於教材出版商的提問，而是可以自己選擇閱讀材料與問題（如表 4-7）。

表 4-7 Trosky 提問示例

Trosky 提問種類	提問	說明
1. 確認／字面問題	1-1 故事裡的天氣如何？ 1-2 誰駕駛馬車？	可以直接在文本中找到訊息的。 可建立讀者信心與基礎的理解。 ＊相關研究顯示：問題的抽象性必須是由少到多的排序，才能讓學生運作較高的思考水準。
2. 解釋／推理問題	2-1 那年的季節是什麼？ 2-2 馬的名字是什麼？	2-1 故事裡沒有說明，讀者可以自己決定，可能是冬季。某些聰明的讀者可能會說，如果是在北方可能是春季或秋季。 2-2 讀者可從整體故事脈絡得知馬的名字是 Old Rex 的訊息。讀者常會回答：「裡面沒有說。」有時可以提供讀者明確的指導，協助如何獲取必要的訊息。
3. 想像力問題	3-1 Dr. Benson 要去哪裡？ 3-2 當他們抵達目的地時，Dr. Benson 有餵 Old Rex 吃東西和找地方給牠休息嗎？	・讀者必須運用想像力與整個故事背景的知識來確認 Dr. Benson 的目的地，而且這個可能性必須是合理的。
4. 評估問題	Dr. Benson 很小氣、殘忍嗎？因為他沒有餵 Old Rex，也沒有讓牠休息。	・鼓勵讀者從訊息中評估角色的行為，並帶來個人價值的回應。從道德角度對此情境作正確回應，為讀者提供更高的興趣與啟發性討論。
5. 重述問題	「bitter cold night」的另一種方式是什麼？	・邀請讀者使用他們的語言，來描述對他們而言，作者語彙的意思是什麼，引導讀者能更豐富的理解文本，這往往是對豐富多彩及形象化語言更深入的理解方式。 ・注意「命令」的詞彙，不要問「當他或她說那是個酷寒的晚上時，作者的意思是什麼？」。這將會使常常模仿文本來作回應的學生產生困惑。

高層次提問提升學生閱讀能力

提問的類型能否幫助教師提升學生的閱讀能力呢？Peterson 與 Taylor（2012）的研究探討了使用高層次提問（higher-order questions）來提升學生閱讀能力的研究。

「高層次提問」是指要求學生的答案不僅是簡單的訊息，而是更複雜的語言及思維。意即帶領學習者使用更抽象的語言功能，如提供或辯護自己的意見、推測以及假設等。舉例來說，問「彩虹有哪些顏色？」就是一個可觀察的問題，屬於較低階的提問；而問「為什麼彩虹很重要？」即為較高層次的提問。

他們認為在教室教學中，高層次提問能讓學習者理解事物、提出解決問題的方法、解釋某事物為何重要、提供意見、以及作不同的比較等，學習者需要有機會使用語言來練習這樣的技巧。在教室中，教師應多使用高層次提問的語言，以及鼓勵學生的語言，如：可以告訴我更多嗎？是什麼讓你想到這些的呢？此高層次提問要求學生更深入的思考，並回應文章。

教師可透過搭建鷹架的方式，引導學生回答得更深入。若學生仍回答不出來，教師可以放聲思考示範給學生看（如給予自己的慣用句式等）。閱讀教學過程中，要讓學生一起討論與分享。再者，當學生有能力回答高層次的問題時，教師要幫助他們自己建立高層

次提問。教師應將聽、說、讀、寫整合在這些技巧中，以幫助學生
加快閱讀理解的發展，而且我們鼓勵教師們共同合作實施這個技巧。

　　表 4-8 為摘錄他們所列的高層次提問範例，左方為問題型式，
即問題涉及的類型為何；右方則為提問的範例。

表 4-8　高層次提問範例

問題型式	提問範例
主題探討：友誼	你可以與你不同的人成為朋友嗎？為什麼可以或不行？
角色解讀	在故事的一開始，角色是如何變化的？你覺得是什麼造成這樣的變化？請從文章中找出具體的例子來支持你的想法。
建立與學生生活之連結	在故事中我們看到主角努力適應和交朋友。想想看，在你的生活中，當你努力想與人交朋友時，你做了什麼？你覺得如何？你的經驗與我們的故事是一樣的，還是不同呢？

教師的課堂提問可促進閱讀理解

　　Harvey 與 Goudvis（2013）在探討「何謂閱讀理解核心」一文
中提及，「我們不能教孩子思考，因為思考是與生俱來的。」我們
所要教的，是有關思考的幾件事：(1) 關注他們的思考；(2) 策略性
的思考；(3) 認識到自己思考的力量。我們教學生思考，因為學生可
以將獲得的訊息，經由思考轉成知識。依據 Costa（2008）所言：「個
體擁有越深入的知識，意即其有越多的分析、實驗以及創意的思考

歷程。」因此，該研究認為發展學生閱讀理解能力應為一個「連續的閱讀理解」。

　　Harvey 與 Daniels（2009）提到五類閱讀理解練習可作相對應：(1) 回答字面問題：最不複雜的練習，乃字面上的理解，透過略讀與掃描文章即可獲取答案，不保證理解內容；但此為理解能力之基礎。(2) 重述：短期的回顧一連串事件的理解；讓學生重述故事的事件與內容；比字面問題更為複雜。(3) 整合內容的思考：理解的開始在於我們整合思考與內容時；於此練習階段，學生使用其思考策略（如連結、提問、推論、視覺化、確認重要性、整合訊息等）來達成理解之目的。這些策略即學生建構意義的「軍火庫」（arsenal），意即學生可使用的策略庫之意。(4) 獲取知識：當學生開始有意識的融合其思考與閱讀內容，表示已經可以把閱讀到的訊息轉化為知識。學生必須思考才能獲取知識，此時這些策略即成為工具，協助讀者進行思考、提問、整合訊息、獲得意見。教師必須讓學生了解策略，且必須有所作為，促使學生不會被動學習。(5) 主動積極的運用知識：當學生學習新知後，整合該知識並主動應用到日常生活中，或是想到不一樣的方向、做法或計畫。

　　Harvey 與 Goudvis（2013）亦提及課室中教師的提問語言，應是連續的、推動學生往更深一層的思考，而非僅是字面上的提問。

更重要的是，教師對這些知識的行動，以及教師們如何在每日課堂中反映出他們對其學生、課程、以及教學策略的廣泛性理解。因此，文章提出四個實踐方法，讓學生主動參與課堂學習，並對內容有深入理解：(1)建立與使用背景知識，用來閱讀與思考：支持讀者連結其先備知識與新訊息，為學習與理解的核心。(2)建立一套閱讀與思考策略：教孩子獲取重要訊息的方法；不是一次教孩子一個方法，而是不斷的分享如何使用整套方法以更深入文本，透過自己來思考並建構意義。(3)鷹架合作討論：在相互討論中，理解策略能提供更多樣的切入點，能更深入文本進行討論；同儕的回應能促進學生深度理解。(4)在整個課程中整合閱讀與思考策略：跨學科的整合閱讀與思考策略很重要，學生必須學會獨立閱讀建構並判斷意義（見表4-9）。

表 4-9 提問類型與示例

提問類型	教師提問示例
回答字面問題 Answering literal questions	・有多少？ ・什麼是……？ ・在哪裡？ ・是誰？ ・何時？
重述 Retelling	・故事裡發生了什麼事？ ・這個故事的主題是什麼？ ・首先發生了什麼事？接著呢？最後呢？ ・該角色之後做了什麼？ ・重述你讀到的或聽到的。 ・試著用你自己的話來解釋發生了什麼事。
整合對文本內容的思考 Merging thinking with content	・你認為呢？ ・哪些文本內容讓你這麼認為呢？ ・這些讓你想到什麼？ ・你有發生過類似的事情嗎？ ・你想知道什麼？ ・你想像到什麼？ ・你能從這個推論得到什麼？ ・這讓你覺得如何？ ・你有沒有任何反應？ ・多說一些和那件事有關的事……
獲取知識 Acquiring knowledge	・你學到什麼是你認為重要的，需要記起來的？ ・你學到什麼新的東西了呢？ ・為什麼覺得這個很重要？ ・你覺得作者最希望你擺脫的是什麼？ ・你認為這裡有重要的概念嗎？ ・你認為這裡有主要的議題嗎？為什麼？ ・是什麼讓你這麼想的？ ・你怎麼想出來的？
主動積極的運用知識 Actively using knowledge	・為什麼你想記住這些？ ・你想用這些來做什麼？ ・為什麼你在意？ ・為什麼你認為你能幫上忙？ ・你認為可以用什麼方法參與？ ・你認為你能有什麼不一樣的做法嗎？ ・你的計畫是什麼？

增進學生自我提問能力

　　許多相關研究都表示學生的自我提問可增其閱讀理解能力。例如，Lohfink（2012）即以此為基礎，進而探討提供圖畫書之插圖，能否促進學生自我提問發展的技術。此研究以小學教師為對象，探討其如何在閱讀過程中，轉移提問的責任到學生身上？如何幫助學生利用圖畫書插畫上的視覺訊息進行批判性思考？以及什麼樣的圖畫書可以促進學生提問？

圖畫書插圖可提升自我提問能力

　　過去在教導學生自我提問的方法時，如：教師示範、放聲思考、逐步鷹架，漸漸將責任轉移給學生等，並非所有學生都能如願學會此方法。教師要如何持續這樣的提問方式？ Lohfink 認為圖畫書的插圖可能是一種有效的自我提問方法。提問的過程若是在尋求答案、找尋更進一步的問題，並非閱讀理解的核心。他提及 Hervey（2006）也認為小學教師使用這些提問的活動作為理解途徑，尚需要額外的策略。至於如何實施，Lohfink 即介紹一些透過圖畫書的插畫，促進學生自我提問之技巧。

　　首先，放聲朗讀中的自我提問：(1) 起始，互動式放聲朗讀：提供標題、封面圖片讓學生預測故事內容。至此只會吸引學生產生回答的陳述，並不會產生自我提問。改以「你發現了什麼？」、「你

有什麼疑問／問題？」來提問，才能引發學生自我提問。(2) 教師以鷹架引導學生檢視視覺訊息：直接關注那些藝術元素，如顏色、線條、形狀、色調等。O'Neil 認為發展視覺素養知識或解釋的能力，將有助於讀者尋找有意義的線索，如：為什麼一定要用這個顏色？此即批判性思維之訓練。

其次，另一個促進自我提問的方法是，教師可使用特別令人困惑的插圖來促進自我提問。這種應用方式與 Ciardiello（2013）「問題發現」的技巧相符。「問題發現」是一種探究策略，當某事物呈現出差異或矛盾時（如一個複雜圖片的插畫），可創造出複雜的陳述。在這種情況下，學生的背景經驗將與該特定材料產生衝突，學生就必須尋求方法或解答來解決困惑。讀者為解決困惑，便會使用新知識。

在上述的教學歷程中，可使用「迷你課程」來強化，方法如下。

教師一開始提示學生──「優讀者會自我提問」，接著呈現一個令人困惑的無字插圖，再問學生他們注意到什麼？對這張圖畫有什麼疑問？此課程強調，優讀者在閱讀中如何自我提問，並連結學生自己如何探究這些複雜插圖，以確實產生提問的過程。在進行這個課程時，建議使用單頁圖片。或者，採用另一個迷你課程──教師以放聲思考示範自我提問的歷程（以自我提問進行放聲思考，對

閱讀理解而言，已被證實為有效的策略）。我們會發現，每一個讀者將會根據自己的社會背景或經驗，而發現不同的插圖意義。

　　當教師透過圖畫書進行自我提問與合作閱讀計畫時，應讓學生實際練習。教師可依能力分小組合作閱讀，給每組學生兩種顏色便利貼，請學生問兩個問題，並寫在紙上，然後貼在圖畫書上。接著請學生一起朗讀故事，並回答自己的問題，結果可能產生多種解決的方法或假設，或者學會引用其他不同的資源（如查字辭典或百科全書）來解決問題。這種有關插畫的提問、尋求以及與同儕一起思考的練習，目的是為了使學生利用圖片進行團體合作活動。

　　最後，在培養學生獨立閱讀上，教師應善用自我提問技術，鼓勵學生自己選擇文本閱讀，達成學生閱讀理解上的效果。透過實際的閱讀情境，才能讓學生發現提問的目的與意義。最重要的是，學生是靠自己進行意義的建構，並且引發更多學生主動提問，而非被動回答（見表 4-10）。

表 4-10　圖畫書提問示例

令人困惑之插圖描述	學生產生之提問範例
不斷重複的森林景象	為什麼那裡要一連串的重複呢？
一名女性低頭看著三隻身穿男性衣服的豬	為什麼豬要穿衣服？
男孩背著一個恍恍惚惚的小女孩下樓	為什麼她看起來怪怪的？
兩條船在飛，其中一條船滑行通過水面	船怎麼能做到這種功能

自我提問練習對閱讀理解影響之研究

　　相關理論認為在閱讀理解上，自我評估測驗（self-testing）對長期記憶具保留的效果。Weinstein、McDermott 與 Roediger（2010）以此針對文章閱讀理解策略進行比較，以「重讀」、「回答問題」以及「自問自答」三個條件組進行實驗研究。研究對象為華盛頓區大學生、大學畢業生及社區民眾。該實驗假設「自問自答」與回答測驗具等同效果，但「自問自答」能提升學生閱讀理解。

　　實驗分為三個條件組：(1) 重讀組：即自由重讀，不回答問題；(2) 回答問題組：讀完後，拿著文章的問題回答；(3) 自問自答組：讀完後，拿著文章，自己設計問題，再寫答案。

　　研究結果表示，「自問自答組」與「回答問題組」沒有太大的差異，但相較於「重讀組」，前兩組閱讀理解表現都顯著較佳。而就閱讀時間而言，由多到少分別為：自問自答組、回答問題組、重讀組。由此可知，**學生無論回答問題或自設問題，皆有助於其閱讀理解。**

Chapter 5

階段 3：教學規劃[1]

問思教學活動的規劃

　　良好的閱讀問思教學活動設計，必須歷經三個階段，首先是文本分析，其次是提問設計，最後是教學規劃。教學規劃是教學能否有效的關鍵，因為這部分必須思考到提問與學生程度的配合。因此必須考慮到思考或討論的形式，以及教師如何以「差異化教學」的理念，設計不同的方案提供學生閱讀理解的鷹架。

　　〈禮記・學記篇〉中說：「善問者如攻堅木，先其易者，後其節目，及其久也，相說以解。不善問者反此。善待問者如撞鐘，叩之以小者則小鳴，叩之以大者則大鳴，待其從容，然後盡其聲。」

　　在問思教學的過程中，教師無疑就是扮演「善問者」的角色，透過大大小小、不同層次的提問，讓學生能「相說以解」。其中，關鍵的因素在於良好的教學規劃，因為「徒問不足以自行」，必須考量學生的程度，給予「差異化」的提問與回應，讓「善待問者」（指學生們）能從容不迫的發表合情合理的自我理解。於斯，才是教師閱讀教學專業的最佳展現。

（一）理念

　　「閱讀問思」，乃指教師以提問進行教學，促進學生思考，以

---

❶ 本章修正自許育健（2012）。前言。載於陳欣希（主編），閱讀理解問思教學手冊（6-25頁）。臺北市：教育部。

提升學生的閱讀理解能力。依 PIRLS 的相關報告顯示，應藉由良好的提問設計與教學活動規劃，來引導學生在文本閱讀的歷程，進行不同理解層次的思考，並提供教師實施閱讀教學與評量的參考。

（二）目標

　　教學目標概分為兩階段。第一階段先求學生「以理解文章為主，策略學習為輔」；當學生能力提升後，第二階段即求學生能夠「理解文章與策略學習並重」。換言之，先求文章之理解，次而進行策略學習；進者，期許學生能在課程中，兼重文章理解與策略學習。

（三）特色

　　持「因材施教」與「鷹架學習」之理路，於教學規劃內容中，精心籌謀兩項重要特色：適性方案與多元學習，以求呈現教學活動之彈性與多元面貌。

　　1. 適性方案：因應不同孩子的反應，設計 A、B、C 方案的鷹架，供教師教學調整之參用。

　　2. 多元學習：根據問題的難易程度，設計不同形式的學習或討論活動，讓學生透過多元的探索方式，尋得合情合理的答案。

方案 ABC：為學生搭鷹架

依不同條件設計方案 A、B、C

　　基於位處不同家庭與社會經濟文化背景的學生，其理解文章的能力難免存在著差異；如同教師也有所謂「初任教師」與「資深教師」之分，在教學經驗能力上也有所不同。為因應不同條件之下所存在的差異，在設計提問教學方案時，在同一問題之下，**應由難至易規劃 A、B、C 三種方案，供不同程度的師生評估選用。**

　　此外，對於相關問題也可以進行歸納，整理成「題組」形式，更利於教學活動的進行。「選題組合」乃是教師教學時間不足，無法提問所有問題時所做的選題教學的參考。教師依據文本分析的重要概念，並考慮問題之間的關聯性，挑選部分問題來問學生。

　　以〈雕刻一座小島〉為例，其重要概念有家風、鄉情、眷戀……

表 5-1　問題組合

重要概念	選題組合與排列
選擇（買雕刻刀的過程）	第 2 題和第 3 題
家風	第 2 題和第 5 題
鄉情	第 6 題和第 11 題
眷戀（童年澎湖）	第 7 題、第 8 題、第 10 題
割捨（三次割捨）	第 3 題、第 4 題、第 9 題

等。教師先挑選一個重要概念，接著從問題裡選擇與重要概念相關聯的問題，並將屬於「直接歷程」的問題放在前面，「解釋歷程」的題目排列在後面，以逐步引導學生回答較開放性思考的問題。以下列舉可能的問題組合（參見表 5-1）。

學生經驗和能力分析

　　教師進行閱讀理解提問教學前，宜先檢視學生討論和閱讀的先備經驗，再決定問題的開放程度，逐次漸進引導學生統整文本訊息，以建構知識。期盼透過師生互動和同儕互動，形成自己的觀點，並經由討論交流彼此的觀點，終能成為獨立探索的閱讀者。

　　若需有效能的參與討論，須同時具備聆聽和說話的能力。依據九七版國語文課程綱要，高年級學生在聆聽能力方面，應具備能仔細聆聽對方的說明，主動參與溝通和協調（2-3-1-2），以及能簡要歸納所聆聽的內容（2-3-2-4）。而在說話能力方面，應能在討論中說出重點，充分溝通（3-3-4-2），而且能從言論中判斷是非，並合理應對（3-3-3-2）。也就是，學生不僅能在閱讀討論中表達自己理解的重點，也能理解他人的觀點，更能比較自己與他人觀點的異同。

　　九七版國語文課程綱要明定高年級學生在閱讀方面，應能用心精讀，記取細節，深究內容，開展思路（5-3-5-3）。亦能討論閱讀

的內容，分享閱讀的心得（5-3-8-1）。而且能運用不同的閱讀策略（5-3-5-1）及組織結構（5-3-5-2），以增進閱讀的能力。也就是，學生不僅具有閱讀策略，並能靈活運用於實際的閱讀活動，有助於閱讀理解。

　　具體言之，依學生參與討論與閱讀理解的能力，可概括為三類：首先是「能提出自己對問題的觀點」，其次能「列舉證據支持自己的觀點」，更甚者「能了解不同觀點有其不同的前提」。教師可評估學生的起始能力與目標能力的差距，若差距較小，則提問的開放度可較大，教學提示較少；若差距較大，提問的開放度宜縮小，並給予學生較具體的引導。

　　以〈雕刻一座小島〉的提問為例，買雕刻刀的過程中，媽媽和主角分別出現哪些心情？請找出證據。該題的開放度較大，亦即需要學生詮釋整合文本訊息。若學生無法從課文中找出含有情緒的句子，並說明相對應的心情時，教師可嘗試給予較具體的引導（例如以句子呈現），讓學生討論哪些句子有表達情緒，並指出相對應的心情。若學生回答仍有困難，教師可考慮直接揭示表達情緒的句子，請學生判斷心情即可。

　　如果提問：「如果刪除第 8 段，對閱讀這篇文章有沒有影響？請說明理由。」該題的開放度亦較大，亦即需要學生比較評估文本

訊息。若學生無法回答，教師可將問題聚焦在「對家鄉的眷戀」，將問題調整為：「如果刪除第 8 段，會不會影響作者表達對家鄉的眷戀？」倘使學生仍無法回答，教師可具體的問：「作者在第 7 段已經寫『那是我一向眷戀的澎湖──我的風島。』為什麼還要寫第 8 段？」

由上述說明可知，提問教學不僅以問題觸發學生思考與尋答，更是教師對學生經驗與能力分析的最佳時機，寓評估於教學之中，更懂學生，就越能教到重點。

閱讀問思三部曲

前述內容說明了閱讀問思教學的理念、目標、特色及方案 ABC 的設計。但若要按部就班的實踐閱讀問思教學，就必須確實以「三部曲」來逐步達成。前兩部曲為文本分析與提問設計，以下為了讓您知其全貌及彼此關係，仍略敘前文本分析與提問設計的梗要，其後再接述本章核心──教學規劃。

一部曲：文本分析

閱讀問思，顧名思義，就是透過良好的「提問設計」，誘導學生進行不同層次的閱讀理解與思考。然而，問題從何而來？我們可

以肯定的說，「好問題」乃基於「深刻的」、「條理的」文本分析。

　　每篇文本都有其獨特性，每個人閱讀文本時，雖然會產生大部分相同的認知（如故事大意），但對於閱讀文本時的「觀點」與「感受」，可能會產生很大的差異，猶如著名的心理學「羅夏克墨漬測驗」（Rorschach test）。然而，就故事體與說明類文本而言，故事體的主觀差異大於說明類文本。

1. 文本分析角度說明

　　亦即以文本分析者的角度，提出對該篇文本的賞析視角。這部分是基於文本所產生的主觀判斷，猶如〈小馬路喜〉是一篇故事體文本，基於角色的任務功能，可以很明顯的分為「路喜」與「馬王」兩條故事軸線來進行分析與提問，乃至於其後的教學設計也會迥異。此部分的文本分析可擇取一個觀點說明之。

2. 文本內容大意釐析

　　從特定的觀點角度切入，整理文本的相關訊息，並加列段落小標題，為內容大意分段進行釐析。用意在於讓讀者能在前述的角色觀點運作之下，知曉分析者對於文本檢視後的訊息處理，呈現更具系統性、脈絡性的文本摘要內容。如〈雕刻一座小島〉即建立在主角三次割捨的情境之下，對文本故事產生的意義。

　　大部分的閱讀教學者，在提問教學的過程中，並沒有詳實的、紮根的文本分析，只憑著多年的個人閱讀或教學經驗就依文本內容開始進行提問。然而，許多教學檢討顯示，沒有深入探討文本，進行文本分析，表面上看似省了時間，其實可能會錯失重要的問題與思考。因為當我們自以為完成了提問的規劃設計，讓專家學者或同儕審閱時，才發現有許多不同閱讀理解層次的內容，一直都略而未談。以〈小馬路喜〉為例，在《閱讀理解：文章與試題範例》一書中，並未針對不同角色觀點進行文本分析，忽略了題目設計可能會受到角色觀點的影響，問題之間也沒有一致的脈絡性，有時是路喜的觀點，有時又以馬王的觀點命題，尤有甚者，對於文本主旨或寫作意圖，設計提問的教師們彼此都因觀點角度不同，而各有解讀。

　　基本上，故事體與說明文的文本分析有些許的不同。故事體以「敘事」為主，因此從角色、背景、事件、反應、行動、結果、結局等各部分故事的環節，可進行結構化的分析，但重點在於擇定角色觀點，以及預設作者的寫作理路，便可釐析文本的結構與內容關係，例如〈雕刻一座小島〉。說明文（例如〈冰河〉）以「資訊呈現」為主軸，作者寫作的目的即是透過主標題、次標題、圖、表、序列說明等形式內容，明晰的釋說表達所欲呈現的主題或對象，讓讀者可以一目了然，很快的吸收作者提供的結構化資訊與知識。

表 5-2　文本內容大意整理

篇名	類別	內容簡介
小馬路喜 〔路喜觀點〕 〔馬王觀點〕	故事體	「不要害怕，但請一路小心──」當我們面對未知的情境與未來時，應該抱持什麼樣的信念與信心呢？故事中，在非洲東部大裂谷的馬群，服從馬王的領導，為尋找綠地而集體遷徙。他們過著群體生活，有相同的生活習慣，共同遵守團體規範。然而，路喜卻與眾馬不同，展現出許多值得我們思考的點。當你閱讀本文時，可著眼於路喜與其他的馬有什麼不同，並探究他為什麼做出不同的選擇，進而分析路喜對自己和團體產生了什麼影響？最後，藉此推想作者安排獨特的角色──路喜，所欲傳達的信念：勇於嘗試。 　　故事的篇名雖然以小馬路喜來命名，但是故事的重點除了路喜的言行之外，其實另一個重要的角色──馬王，也是舉足輕重。他面對意料之外的狀況，為了維繫馬群生命，從文中可以發現他是如何帶領馬群遷徙，如何根據情境做出適當的判斷，如何避開其他動物的襲擊等，先後突破各種困境，凡此種種皆可見馬王有舉足輕重的地位。故事中，令讀者印象最為深刻的是馬王的領導，這部分在故事的重要環節中都有呈現。
冰河	說明文	「冰，如何像水一般流動成河呢？」這是讀者初遇此文本的疑問。順此疑問，本文作者詳細說明冰河形成的過程，冰河如何侵蝕山脈，以及冰河特殊生物的特性，讓我們對於這個遙遠又陌生的環境，可以有概略的了解。其次，本文也藉由一位科學家寫給父母的明信片，道出工作環境的種種景象。文末則以科學家們長期的觀察、記錄與研究，一直到發表學說，讓世人得以一窺極地冰河的樣貌，作為總結。 　　本文主要是傳達冰河相關資訊的說明文，寫作上以清楚的標題來提綱挈領，讓讀者閱讀時，容易掌握文章的層次與重點；作者巧妙穿插一段故事形式的說明──「冰河的故事」，生動的描寫讓讀者彷彿置身其中，體驗那種特殊的生活。依此，作者安排了兩種寫作形式，帶給讀者迥然不同的閱讀經驗與感受。

雕刻一座小島	故事體	每個人一生當中都會經歷很多事情，有些將隨風而逝，不留痕跡；有些卻深深烙印在腦海之中。記憶深刻的事情，時間已成過往，空間可能也已歷經移轉，情感澎湃、激烈或雋永、綿長。因此，我們會透過不同的方式保留這些生命中珍貴的記憶。 　　故事中的主角張嘉驊先生住在澎湖的一段童年往事，經歷了三次割捨的歷程，明明很喜歡，卻因為種種考量而不得不放棄。主角以雕刻作品呈現家鄉風貌，藉寫作保留當年的回憶，將深刻的情感傳達給讀者。時光不再，往事難留，雕刻刀雖然已鏽，但是主角找到新的創作方式。讀者彷彿看到主角的身影，握著筆，細膩的刻畫，勾勒出童年生活的景象，重現節儉的家風，流露母子的親情，傳達對美麗的家鄉——澎湖——深深的眷戀。
動物的尾巴	說明文	有關動物的課程，學生的學習經驗大多集中在動物的生活方式與運動方式。因此，學生對動物的軀幹、四肢等主要器官了解得比較多，對動物「尾巴」的了解，相對就比較少。作者為了凸顯「尾巴也是重要的器官」，技巧的選擇了陸地上的猴子、松鼠和蜥蜴來說明，水裡的魚類以及空中的鳥類也舉特殊的魟魚和孔雀為例。 　　本課採用「總分總」的結構寫作。文章先總說大部分的動物都有尾巴，不同的尾巴有不同的功能，接著舉五種動物為例，最後點出動物尾巴的重要性。一般而言，說明文容易枯燥乏味，然而，本文作者舉例生動，連結學生經驗，凸顯尾巴的特殊功能；善用設問，點出重點，也引發學生閱讀興趣；巧用譬喻，為學生理解文本搭建鷹架，這些做法，都成功的幫助學生閱讀這篇說明文。

二部曲：提問設計

　　「以提問精緻閱讀教學」是問思教學的重要理念與目標。學生面對教師的提問，將有四個不同理解層次的思考——提取訊息、推論訊息、詮釋整合與比較評估。然而，問思教學更著重於學生可習得的閱讀理解能力，表 5-3 將列出六項經由提問設計教學可達成的能力及範例說明，以茲參考。

表 5-3 提問設計教學範例

序號	習得的能力	舉例說明
1	學會透過語詞、句型來理解內容。	〈雕刻一座小島〉 ［第 9 題］文章中主角曾經歷哪些喜歡又不得不放棄的割捨事件？並指出作者用了哪些語詞讓我們有這樣的感覺？
2	學會找證據支持觀點。	〈雕刻一座小島〉 ［第 3 題］買雕刻刀的過程中，媽媽和主角分別出現哪些心情？請找出證據。
3	學會以表格、畫圖等方式整理訊息。	〈動物的尾巴〉 ［第 5 題］文章中，魟魚、孔雀和蜥蜴的尾巴，面對敵人時有哪些異同？
4	了解標題與標題、標題與內容的關聯。	〈冰河〉 ［第 1 題］一翻開文章，若想直接找到「冰河移動緩慢」的內容，可用什麼方式閱讀？ ［第 3 題］你會為圖 1 訂定什麼標題呢？
5	能以不同觀點看文章。	〈小馬路喜〉馬王觀點 ［第 2 題］在第一次和第二次的遷徙中，從哪裡可以知道馬王是一個領導者？請找出兩個證據。
6	懂得賞析作者的創作。	〈動物的尾巴〉 ［第 7 題］作者在第 1 段、第 7 段都以問句做結束，這兩個問句有哪些異同？

三部曲：教學規劃

在教學規劃方面，乃依前述第二章的架構而行。

何謂「閱讀理解問思教學」？簡單的定義是：透過良好的提問設計，以不同教學與討論形式，依序引領學生思考文章內容，與文本進行不同層次的互動與回應，進而促進其閱讀理解。

1. 教學架構

　　問思教學規劃的基本架構採「引起動機，導入主題」（準備活動）、「提問討論，深入理解」（發展活動）及「綜合活動，延伸探討」（綜合活動）等三大部分。第一部分與第三部分是為了啟發思考與歸納綜合，第二部分是教學設計的重點。進言之，第二部分的教學程序主要是以設計「好的提問」，並提示建議的「師生互動形式」，如全班討論、小組討論與兩兩討論等，以及因應學生能力與經驗的差異，擬出不同「教學方案」，如標準情境下的 A 方案，暗示作用的 B 方案，還有明示作用的 C 方案。

2. 教學程序

　　就一般閱讀教學而言，主要的教學程序為概覽文本、字詞教學、內容深究、形式深究與延伸補充五大程序。本書所倡之問思教學，究竟應置於一般國語文教學程序之何處呢？建議可於字詞教學之後，整合於內容與形式深究之中。

3. 教學型態

　　為使提問教學更具多元思考與探索性質，應於各文本活動之中，羅列至少四種活動類型，如個人思考、小組討論、兩兩討論、全班討論等。這些不同的教學與學習型態主要考量題目的難易，以

及問題的不同理解層次，以評估、安排這些活動。

4. 學生如何閱讀

　　在閱讀理解教學的歷程中，除了以提問促發學生更多的理解外，亦可提示學生可學習應用的閱讀方法與技巧，諸如以畫線圈詞提取重點、以朗讀流暢字詞與理解、利用角色體會情節等。前文曾提及：「第一階段以閱讀理解為主，兼習策略；第二階段則兼重理解與策略」，但依教學實務經驗得知，學生在參與提問教學時，經常會無意的應用某些閱讀技巧如劃線、圈重點，以協助閱讀理解。這也是教師參用本書進行教學時，可進一步從事的觀察與研究。

課例　〈風雨交加的夜晚〉（翰林版第六冊）❷

〈風雨交加的夜晚〉 教學規劃	
◎本節教學目標 一、能對照單元主題與標題，推估文章主旨 二、能以不同角度閱讀文本內容，理解本課多元面向的重點。	◎本節教學重點 1.對照單元主題［有你真好］（互助感恩），指出段落相關語句。 2.以不同層次的提問，引導細究內容重點。 3.提示其他主題，理解文本的［心理敘寫］與［親情展現］等多元面向。

教學活動	學習方式／補充說明
◎課前預習 請學生進行三次閱讀。【印象閱讀→讀懂內容→讀出寫法】	三次閱讀學習單
一、準備活動（引起動機，導入主題） 檢視學生的三次閱讀學習單，隨選幾位學生發表。 1.請翻至單元頁，看看這個單元的主題是什麼？ 　（第5課〈一件外套〉／第6課〈風雨交加的夜晚〉／第7課〈謝謝〉／〈閱讀樂園：謝謝土地公〉 　學生：【有你真好】單元 2.你有沒有被幫忙，你也幫忙他的經驗？ 　教師：我們稱為「互助」。 3.這篇文章有哪些部分與「互助」有關？【閱讀策略：連結】 　教師：請用鉛筆標示出來／劃下來。	個人閱讀與思考 全班回應 學生自由回答（簡要、重點）
二、發展活動（提問討論，深入理解） （一）連結主題，指出語句 　　　教師：我們「逐段」來看看是否有與互助相關的語句。 Q1：「第一大段」主要是在敘述什麼？【背景】 Q2：第一大段有什麼語句，與「互助」相關？【參考答案：無】 　教師補充提問：什麼是「嚴防」豪雨？【參考答案：小心謹慎的防範】	檢視課文 兩兩確認 *[差異化]提示：背景、經過、結果 Q1：隨選回答 Q2：兩兩討論

❷ 本課為翰林版 102 學年度三年級下學期國語課本之課文。

Q3：「第二大段」又分三小段，分別談什麼事件？【**層次一：提取訊息**】 　　學生：爸爸來電、家裡停電、落石與避難	Q3：隨選回答
Q4：第二大段（第 2 至 4 段）有什麼語句，與「互助」相關？ 　　【**層次二：推論訊息**】 　　(1) 爸爸説：來不及下山的人也許需要幫助，我去看看，可能會很晚回家。 　　(2) 叔叔阿姨來接我們離開 　　(3) 爸爸也帶一些人來避難 　　(4) 李叔叔説：你幫人家，我們幫你，大家互相幫忙，不用客氣！	Q4：小組討論、小組發表
Q5：第三大段（第 5 小段）有什麼語句，與「互助」相關？ 　　第 5 段：**今晚，幸好有叔叔阿姨的照顧，……，要不然，真不敢想像會有什麼後果** 　　學生：在本課中，與主題相關的語句，我們稱為關鍵語句。	Q5：指名回答
Q6：方才老師用什麼方法，讓同學們找出關鍵語句？【**閱讀策略：理解監控**】 　　(1) 確認單元主題 → (2) 分段指出語句	Q6：兩兩討論、隨選回答
Q7：本課課名是 [風雨交加的夜晚]，請小組思考這課的主旨（互助），重新給這課一個課名？【**層次三：詮譯整合**】 　　**＊＊ 互助的夜晚；風雨中的互助；風雨現溫馨；令人感動的一夜** 　　教師：你們可以看看〈三次閱讀單〉，自己是否也找出相同的語句呢？	Q7：小組討論、小組發表 ＊「差異化」提示
（二）再讀內容，體現多元 　　教師：當我們閱讀一篇文章時，會注意作者用第幾人稱來寫作。常見的有：第一人稱，也就是用「我」，例如這一課〈風雨交加的夜晚〉，就要注意主角的內心想法或心情變化；也有用第三人稱的文章，例如第二課〈發現微生物的人〉，就用「他」來敍説全文。可以看作者如何用其他的人事物來輔助説明。例如，他每天除了招呼客人、搬運貨物，還要幫忙清理屋子。	
Q8：這課是用第幾人稱來寫作？我或他？【**答案：我**】【**層次四：比較評估**】	Q8：兩兩討論

Q9：哪些語句與「主角心情」有關，並請思考這些句子分別代表什麼心情？ (1) 我心想……，不太可能淹水。【無所謂／不在意】 (2) 聽著風雨聲，我覺得有一點擔心。【擔心】 (3) 我們的心情，就像黑暗中微弱的燭光一樣，那麼的無助。【無助】 (4) 我們正不無如何是好的時候，突然聽到敲門聲。【驚喜】 (5) 今晚，幸好有……，不要然，真不敢想像會有什麼後果。【感激】 學生：當我們閱讀一篇「記敘文」或「故事文」時，通常可以從三個部分來深入了解它的內容，分別是：人物、場景、情節。	Q9：指名回答、仔細聆聽
Q10：文章中有哪些人物的出現？這些人物的互動，除了鄰居互助以外，你還看到了什麼？ 【提示】除了互助，我們也讀到家人之間的「親情關懷」。	Q10：指名回答、閱讀課文
Q11：哪些語句與「家人關懷」有關？分別是指誰對誰的關懷？ (1) 爸爸說：……記得跟媽媽說一聲。 (2) 媽媽一邊牽著妹妹，一邊找蠟燭。 (3) 爸爸急忙跑過來，欣慰的笑容帶著歉意。	Q11：小組討論、小組發表
Q12：爸爸為何急忙？為何有欣慰的笑容？為何帶著歉意？ (1) 急忙→焦急尋找親人 (2) 欣慰的笑容→親人平安 (3) 歉意→沒能陪伴家人 學生：我們在本課學到了主題是互助，也學到了作者對主角的心情變化的描寫，及對家人關懷的不同面向。以後，我們閱讀文章時，應該多讀幾次，用不同的角度來看文章，也許會有新的發現與樂趣呵！	Q12：小組討論、抽點發表 ＊「差異化」提示
三、綜合活動（綜合活動，延伸探討） Q 1：本節課你學到了什麼？ (1) 三次閱讀（主題／內容／寫法） (2) 連結主題，指出語句 (3) 再讀內容，體現多元 …… Q 2：還有什麼有疑問的嗎？ Q 3：還想知道什麼？	抽點發表 個人思考 隨選回應

〈三次閱讀〉預習單　　　　　　　　　　月　　日

第＿＿＿課　課名：＿＿＿＿＿	＿＿年＿＿班　姓名：＿＿＿＿
◎第一次閱讀 【印象閱讀】主題／樂趣／疑惑	1. 2. 3.
◎第二次閱讀 【讀懂內容】段落大意／重要語句／知識	1. 2. 3.
◎第三次閱讀 【讀出寫法】結構／取材／優美佳句	1. 2. 3.

Chapter 6
閱讀理解問思教學課例

課例 1 〈風箏〉／張志明[1]

看到阿明、阿善、阿立、阿忠四個人拿著風箏的背影，消失在常常放風箏的小山上，他心裡有一點點說不出的難過。

一個學期來，他寄住在舅舅家，和他們四個人混得比親兄弟還要熟，每天一起讀書，一起玩，一起到小山上放風箏，幾乎沒有一天不聚在一起。

現在爸爸跑船回來了，他要回自己的家，和爸爸住在一起，雖然很高興，可是一想到要和他們拆夥，心裡就有些酸酸的痛苦。

他相信無論如何他們一定會來送他的，所以請媽媽先走，他一個人在舅舅家裡等，沒想到等了很久還是沒看到他們的人影。更沒想到他們竟還有心情跑到小山上放風箏。他含著眼淚，沿著山下的小路往前走，強迫自己儘量不要往小山上看。

「阿萬──」忽然他聽到背後呼叫的聲音。

他轉頭一看，只見他們四個人站在小山上跟他揮手，四隻風箏在他們身後，高高地升起。

風箏上面寫著四個斗大的字──**阿萬再見**。

阿善從後面跑過來，跑得氣喘吁吁地說：

「我們把風箏繫在高高的樹上，要讓你走很遠了，還看得見。」

「好──好──保──重──」他緊緊地握著四個人的手，哽咽得說不出說來。

---

[1] 本文經中華民國教材研究發展學會授權使用。

阿萬萬萬沒想到大家會用這種方法來跟自己道別。

走了很遠了，風箏還在天上飄著。

他頻頻地回頭，看那高高飛起的風箏，淚水沿著臉頰往下滑落，模糊了風箏上的字跡。

淚眼中，四隻風箏變成四張友善的臉，在空中飄著。

設計理念

本次教學演示的對象為小學四年級的學生，就年齡而言，正處於國際閱讀組織（International Reading Association, IRA）所認定的「關鍵年齡」—— 10 歲。依 IRA 的研究指出，學生在此階段能具備基本的閱讀理解能力，包含「提取重要細節」、「推論關鍵訊息」、「整合詮釋文本」及「評析比較文本」等能力。

然而，受限於臺灣語文教科書文本的內容篇幅短小（平均字數約 700 字），以及「隨文識字」的編輯理念，實難在一課之中，落實文本閱讀理解教學。因此，本教學透過預設的相關提問，以呈現學生對文本閱讀理解的認知情形，並透過 Palincsar & Brown（1984）所提出的「交互教學法」（reciprocal teaching）之「預測（predicting）」、「發問（question）」、「摘要（summarizing）」、「釐清（clarifying）」形成閱讀理解教學的架構，期待能於課堂中

與孩子共構語文的新認知。

相關能力指標

5-2-1 能掌握文章要點，並熟習字詞句型。

5-2-3 能認識文章的各種表述方式。

5-2-5 能利用不同的閱讀方法，增進閱讀的能力。

5-2-7 能配合語言情境閱讀，並了解不同語言情境中字詞的正確使用。

5-2-8 能共同討論閱讀的內容，並分享心得。

教學目標

1. 能理解各段重要詞句（與心情相關者）與段意，並進行大意摘要。

2. 能理解本課中重要的句型，並試著造句發表。

3. 能積極參與分組討論、專心聆聽及樂於分享。

文本分析

本文為記敘文，以敘事抒情，並以好友風箏為表徵，揭示友情的可貴。敘事過程之中，主角的**心情**由「失望」轉而「泣喜」，使

本文更具變化，此部分應於教學中強調其相關敘寫及詞句表達，進而呼應本文之主旨。

（一）重要用語	無論如何、幾乎沒有、沒想到、竟然、忽然、怎麼也沒想到、忍不住難過、不捨、離別、送行、失望、哽咽、道別、離開、頻頻回頭。
（二）表達「友情」相關詞語句	1. 心裡有一點點說不出的難過。 2. 幾乎沒有一天不聚在一起。 3. 混得比親兄弟還要熟。 4. 雖然很高興，可是一想到要和他們拆夥，心裡就有些酸酸的痛苦。
（三）與「道別再見」相關詞語句	1.「我們把風箏繫在高高的樹上，要讓你走了很遠，還看得見。」 2.「好──好──保──重──」他緊緊的握著好朋友的手，哽咽得說不出話來。 3. 他頻頻地回頭，看那高高飛起的風箏，淚水沿著臉頰往下滑落，模糊了風箏上的字跡。 4. 淚眼中，風箏似乎變成四張友善的臉，在空中飄著。
（四）重要的敘寫：心情的轉折	1. 看到阿明、阿善、阿立、阿忠拿著風箏的背影，消失在常常放風箏的小山上，**阿萬心裡有說不出的難過。** 2.「……相信……無論如何……，**沒想到**……，不但……，竟然……」 3. 阿萬萬萬沒想到大家會用這種方法來跟自己道別。 ・走了很遠了，風箏還在天上飄著。 ・他頻頻地回頭，看那高高飛起的風箏，淚水沿著臉頰往下滑落，模糊了風箏上的字跡。 ・淚眼中，四隻風箏變成四張友善的臉，在空中飄著。
（五）隱含的象徵	以「風箏」來象徵友誼，文末雖道漸行漸遠，「繫在樹上」的線卻表示──友誼常繫！

提問設計

【閱讀有健招】
提取重要訊息，掌握課文重點。
　先思考文題〈風箏〉，並且，問問自己：
　1. 作者把這件事分成幾部分來寫？
　2. 作者如何描寫主角阿萬的心情？
閱讀時，別忘了用筆劃記你讀到的重點。

1.（　　）為什麼第一段阿萬看到朋友放風箏，心裡有一點點的難過？

　（1）阿萬沒跟著去放風箏

　（2）阿萬的風箏掛在樹上

　（3）阿萬就要和他們分離

　（4）阿萬怕高不敢去山上

2.（　　）阿萬和朋友感情好，課文的哪一句，不是這個意思。

　（1）一起讀書，一起玩，一起放風箏

　（2）幾乎沒有一天不聚在一起

　（3）混得比親兄弟還要熟

　（4）阿萬強迫自己盡量不要往小山上看

3.（　　）「阿萬只好強迫自己盡量不要往小山上看……」，為什麼要「強迫」呢？

　（1）阿萬一直想回頭看

　（2）阿萬的個性很固執

　（3）時間已經來不及了

　（4）阿萬非常的失望

4.（　　）阿萬的朋友用什麼方式道別？

　（1）放風箏並寫著珍重再見

　（2）在小山上大聲的說再見

　（3）把阿萬的風箏掛在樹上

　（4）每人送給阿萬一隻風箏

5.（　　）阿萬和朋友們道別，哽咽得說不出話來，為什麼「緊緊的」握著他們的手？

(1) 感到很緊張

(2) 朋友不放開

(3) 情緒很激動

(4) 心情很愉快

6.（　　）為什麼阿萬在離開的路上，淚眼中，風箏似乎變成四張友善的臉？

(1) 阿萬哭得太累，眼睛花了

(2) 阿萬的朋友在上面畫笑臉

(3) 四隻風箏排起來就像笑臉

(4) 阿萬內心很感動也很開心

7.（　　）就整個故事來說，阿萬的心情有什麼轉變？

(1) 驚喜→難過→難捨→失望

(2) 難捨→失望→難過→驚喜

(3) 失望→難過→難捨→驚喜

(4) 難過→失望→驚喜→難捨

8.文章中出現兩次阿萬「沒想到」，它們分別代表了什麼意思？（小組作答）

(1) 第一次

　　阿萬感到……，因為……

(2) 第二次

　　阿萬覺得……，因為……

9.語句仿寫練習（小組創作）

　　他相信無論如何他們一定會來送他的，他一個人在舅舅家裡等，沒想到等了很久還是沒看到他們的人影。更沒想到他們竟還有心情跑到小山上放風箏。他含著眼淚，沿著山下的小路往前走，強迫自己盡量不要往小山上看。

〈仿句〉

在我拿著跑步第一名獎狀回家的時候，

……相信……無論如何……，沒想到……，竟然……。……只好強迫……。

_____

_____

_____

10. 如果是你，你會想出什麼方法來為朋友送行？

_____

_____

_____

教學規劃

（一）準備活動（5分）	1. 詢問學生是否有道別的經驗，標題「風箏」的意味為何？ 2. 以課文標題與插圖詢問學生預習的情形。 3. 檢視這篇文章的形式組成（如標題、內文、插圖、行碼）。
（二）發展活動（30分）	**活動一：摘要**（8分） ◎請用幾句話，大概的説「整個故事」。（以4個意義段口述） 1. 第1+2段：阿萬心裡難過，因為……，……還要熟。 2. 第3段：爸爸跑船回來了，……相信……，沒想到……竟然……只好……離開。 3. 第4+5段：好朋友為他……，……沒想到……，……說不出話來 4. 第6段：離開的路上，……忍不住……，……風箏在空中飄著。

	活動二：提取與推論重要訊息，掌握課文重點（15 分） 1. 提醒學生回答前，先從文本找證據，並可用筆劃記讀到的重點。 2. 第 1 至 7 題（提問）：依文序進行各段細節提問與推論。 3. 第 8、9 題為「整合詮釋」。
	活動三：句型練習與發表（7 分） 1. 第 10 題：語句仿寫練習 **在我拿著跑步第一名獎狀回家的時候，**……相信……無論如何……，沒想到……，不但……，竟然……。……只好……。 2. 第 11 題：發表 如果是你，你會想出什麼方法來為朋友**送行或道別？**
（三）綜合與延伸（5 分）	1. 總結教學重點 (1) 如何透過事件的安排表達出珍貴的友情 (2) 如何描寫心情的轉變，並仿寫課文的句型，練習應用在生活之中。 2. 閱讀有健招 (1) 閱讀前，由標題和圖片預測與推論題意。 (2) 閱讀中，摘要文章內容，並針對重要訊息提問，釐清重要語句的意思。 (3) 閱讀後，評析文章的優點，並提出自己的想法。

我的放聲思考

　　文本分析讓課堂更具有問題導向，擺脫對教師手冊的依賴，讓教師對課文產生獨特的想法與連結，找出文本的文心與雕龍，這是教師專業能力成長的第一步。

確認文本文體

　　看到一篇文章，首先應確定文本的文體。不同文體有其特別的閱讀方式。這篇是記敘文，若以記敘文的角度分析文本將會最有效率——記敘文以人、事、物、景為主，透過作者的直接或間接的描寫，表達個人的觀察與感受，大多是順序結構。從這個角度切入，這課課文是記敘文，以敘述事件來抒情。

找出文章核心

　　接著找出文章的核心。閱讀課文之後，發現主角「阿萬」的心情變化很大，從一開始的失望，到最後高興得哭了。這就是本課的核心——「心情」，用情節的變化來展現主角心情的變化。

設定教學重點

　　找出文章的主要核心，設定「心情的轉折」為教學重點，找出與「心情」有關的用語、與「友情」有關的用語，那麼與這一課主題有關的語句也會隨之分析出來了。接著找出課文中隱含的象徵——「風箏」，因為風箏隱含著「雖然離了很遠，我們還有聯繫」的意思。

　　雖然分析出來的成果不一定要納入教學中，但若是想在語文科教學上精進的話，就一定要有分析文章的能力，因為文本分析的能力是讓教學精采的第一要件。

提問設計的任務

其次，來說明提問設計的想法。

問思教學的概念，就是由問題引發思考，在思考過程中必須要透過策略、方法來解決問題，所以就會學習到兩種訣竅：

第一種：理解文本內容。譬如理解主角「阿萬」的心情轉折；

第二種：習得方法。學生在思考問題的答案時，必須運用到的策略與方法。

所以一個好的問題需要具備兩個目的：第一個是讓學生取得某個層次的理解；第二個就是讓學生運用到某種閱讀的技巧。

以第一段為例，有些老師會將問題重心放在阿萬四個朋友的名字，但其實這段的重點在於阿萬為什麼會難過。讓學生運用連結策略「看課文，找證據」。教師提供問題與策略方法，讓學生去找到答案。若學生無法順利找出答案，教師再給予選項，以確定學生是否理解。

理解與表達基本上是兩回事（會閱讀的人，不一定會寫作）。如果使用 A 方案，學生無法回答，但透過選擇題卻能答對的話，表示學生已經理解文本，問題出在表達能力。不能因為學生不會表達，而誤認他沒有理解。所以閱讀理解的題目通常以選擇題形式出現。但理解與表達也可以同時呈現，譬如第三層次與第四層次的題目。

　　如果學生的理解能力不好，可能連題意都無法理解。例如課文中出現的兩次「沒想到」其意涵是不同的，這一題有些難度，於是決定不讓學生直接回答或以選項選擇，而是小組充分討論後，再表達出來。

　　第一次：阿萬感到非常難過，因為他要離開，卻沒有人來跟他道別。

　　第二次：阿萬感到非常開心，沒想到朋友是因為要去小山丘繫上「阿」、「萬」、「再」、「見」的風箏。

　　這兩次就讓學生用口語來表達理解。一般而言，若專注於學生是否理解的層面上，就會盡量不讓學生因其表達能力而干擾理解歷程的展現。在這種情況下，就可能會用選擇題讓學生作答。

　　本課例透過這十道題目，讓學生完整理解整篇文章。由於學生真正要學習的是如何思考與理解一篇文章，而非僅僅吸收課文內容（也就是知道這則故事的細節）。因此，讓學生有機會運用不同層次的思考去探勘文本，久而久之就會內化成學生自己的能力，未來遇到其他文本時，也會同樣用這些提問去理解。

課例 2　〈紅豆〉（南一版第八冊）❷

設計理念

　　本節教學旨在透過閱讀問思的歷程，讓學生理解文意並習得相關閱讀理解策略。主要程序如下：

　　1.默讀各段內容，指出主要語句。

　　2.以「下小標題」的方式歸納段落重點。

　　3.透過不同層次的提問，理解主要內容與重點。

　　4.以導入表格的方式，整理課文中所呈現的比較性資訊。

相關能力指標

　　E-2-1 能掌握文章要點，並熟習字詞句型。

　　E-2-2-1-2 能調整讀書方法，提升閱讀的速度和效能。

　　E-2-3 能認識基本文體的特色及寫作方式。

　　E-2-3-2-1 能了解文章的主旨及取材結構。

　　E-2-3-2-3 能認識基本文體的特色。

　　E-2-4 能掌握不同文體閱讀的方法，擴充閱讀範圍。

---

❷ 本課為南一出版社 102 學年度四年級下學期國語課本之課文。

E-2-4-2-1 能掌握不同文體閱讀的方法。

E-2-4-2-2 能讀出文章的抑揚頓挫與文章感情。

E-2-4-7-4 能將閱讀材料與實際生活情境相連結。

E-2-7 能配合語言情境閱讀，並了解不同語言情境中字詞的正
確使用。

教學目標

1. 能了解課文段落重要語句。

2. 能比較各段的關係，並整合課文主要內容。

3. 能以表格分析本課主要內容重點。

文本分析

（一）確認文體	本課為說明性文本，透過標題（紅豆）與副標題（小實孔雀豆、紅豆）的理解，以及不同類型的圖示，說明關於紅豆的相關知識。
（二）各段重點	1.（1-1）〈紅豆〉＋語譯（1-2）：紅豆的產地、時節與象徵意義 2.（2-1）小實孔雀豆：果實、樹、花，不可食用。 3.（2-2）紅豆為主的樹：形態、功能。 4.（3-1）食用紅豆：形態、功能、產量。 5.（3-2）食用紅豆：成分、用途。

提問設計與教學規劃

（一）準備活動	◎**課前預習：請學生自行在家閱讀課文** 1. 你以前所知道的「紅豆」是什麼？ 2. 你現在學到了什麼？ 3. 這篇文章有沒有什麼很特別，印象深刻的部分或內容？
（二）發展活動	◎**整體架構理解** 　Q1. 檢視文章架構。這篇文章是由哪幾個部分所組成的，請用原有的標題或重新給一個標題來說明？ 　　（1）詩：〈紅豆〉＋語譯 　　（2）小實孔雀豆 　　（3）紅豆＋紅豆圖 　　（4）本課植物分析圖 　Q1-1本學期有學過告訴我們「知識」的是哪一課的課文？〈米的魔術師〉 ◎**文本細節提問** 　Q2. 古詩文中的紅豆，真正名稱為何？ 　Q3. 古詩文中紅豆的特徵為何？ 　Q4. 紅豆樹的特色有哪些？ 　Q5. 食用紅豆的栽種方式為何？ 　Q6. 食用紅豆的栽種時機及目的為何？ 　Q7. 食用紅豆的主要成分有哪些？ 　Q8. 食用紅豆的功能有哪些？ 　Q9. 第 41 頁「本課植物分析圖」的各部分敘述來自課文中的哪些內容？ ◎**用表格來整理訊息** 　Q10. 我們如何整理在課文中所學到的新知識呢？ 　　【提示】請想一想，我們的自然課本、社會課本中，會用什麼方式來整理複雜的訊息呢？ 　　（1）以雙向同異表來整理（提醒學生從圖表或文字來提取訊息）。 　　（2）用表格整理，有什麼好處？ 　　（3）除了表格外，還可以用什麼方式整理？ 　　（4）讀一讀課文，在說明時通常會用什麼字詞？ 　Q11. 既然本課希望我們了解紅豆的知識，為什麼一開始就提出〈相思〉這首詩？在這一課裡，有這首詩與沒有這首詩有什麼差別？為什麼？
（三）綜合活動	◎**學習回顧** 　Q12. 本節課你學到了什麼？還有什麼疑問嗎？（回想學習，跟過去的自己作比較。） 　　（1）整理個人雙向同異表 　　（2）完成習作第三、四、五大題

我的放聲思考

　　課文內容包含：一首詩〈相思〉與語譯、小實孔雀豆、紅豆與紅豆圖，食用紅豆的主要成分與保健作用，以及用顏色區分的分析圖。

　　若用顏色來區分內容的話，分析圖將紅豆分成三類，但依文本的理路來看，其實不完全正確。然而，在課堂進行中，我們無法解決分析圖帶來的概念混淆（怕花費太多時間，也怕讓學生對國語教材有不信任感），所以決定讓學生知道其分類，但不討論分析圖的正確性。

　　課堂一開始，我想先確認學生對文體的理解，於是在正式上課前先問：「從標題來看，課名是〈相思〉，那麼內容是在說什麼呢？(1)紅豆的故事；(2)紅豆的知識；(3)作者對紅豆的看法。」

　　結果出乎意料之外，我本來預設的答案是關於「紅豆的知識」，但大部分學生竟然認為是「對紅豆的看法」。因此，我暫停了原先設定的進度與提問，先處理「看法」的意思。讓學生用自己的話說明「看法」與「知識」的不同，但學生仍舊回答得模模糊糊。於是，我提供例子讓他們思考：「班長長得高高瘦瘦的。」與「我覺得他是令人喜歡的小男孩。」哪一句話是「知識」，哪一句話是「看法」？

　　經過幾個例子的說明後，慢慢的，學生終於明白了「看法」是

對一件事情表達自己的意見，這個意見每個人不一定相同；但「知識」是客觀的事實，沒有太多的討論空間。最後達成全班對這篇課文的共識：這一課內容是關於紅豆的知識。

整體架構理解

　　以下將說明為什麼以這 10 個問題引導學生理解課文。

Q1.檢視文章架構：這篇文章是由哪幾個部分所組成，請用原有的標題或重新給一個標題來說明？

　　為什麼要從「標題」開始討論？我們在閱讀課文前已經對紅豆有基本的知識經驗，但閱讀後，對紅豆的概念會分化。從學生的角度來看，一般對紅豆的認知都是食用紅豆。

Q1-1.本學期有學過告訴我們「知識」的是哪一課的課文？〈米的魔術師〉

　　為了回應這個題目，學生就必須回顧搜尋與這一課類似的課文內容。這一題主要在復習學生的舊經驗，並產生學習形式上的遷移。以前學習過的說明文，這一課又再次碰上，因此產生連結。有連結的知識會產生更牢固的學習效果。

　　Q2 至 Q9 為本課第一層次與第二層次的提問，我稱之為快問快答，希望在最短的時間內，學生可以注意到我提示的文本重點。本

課重點是 Q10。

Q10. 我們如何整理在課文中所學到的新知識呢？ 這一課的哪些部分
　　 整理了紅豆的知識？（A：第 40 頁的紅豆圖、第 41 頁的分析圖）

　　教師有時提問的動機不一定要學生指出正確答案，而是讓學生
注意到這個部分。因為這一課是說明文，而且特別以分析圖呈現。
因此，這一題的目的是讓學生注意到這一篇說明文與其他說明文不
同的地方，而且這篇文章以兩張圖來呈現知識的整理。於是，我藉
由提問，開始誘發學生對於學習整理知識的方法產生好奇與需求。

　　資訊與知識的差別在於，知識是大腦重新組織有用的資訊，形
成某種可以運用的內容。但課程中並沒有處理這個概念，這便是學
習此概念的好時機。

Q11. 既然本課希望我們了解紅豆的知識，爲什麼一開始就提出〈相
　　 思〉這首詩？在這一課裡，有這首詩與沒有這首詩有什麼差別？
　　 爲什麼？

　　這個問題十分有趣，大部分的學生覺得有這首詩比較好，透過
這首詩可以知道古人也有「紅豆」這個名詞，只是當時的紅豆與現
在的紅豆不同；也有學生認為不需要這首詩，因為沒有這首詩，我
們仍舊可以知道紅豆的知識。

　　說明文的目的在於清楚描述事物，讓讀者可以理解吸收。有學
生認為這首詩的存在可以提高讀者對知識的興趣。但綜觀整篇文章，

這首詩相對來說是處於輔助的角色。不論詩是否應該存在，學習上不能主次顛倒，變成以教這首詩為主，這其實會影響學生以後對不同類別文本的認識。

　　由於對學生不熟悉，所以要先建立規則，培養討論的默契。確認班級的各個小組及小組長，指派任務給小組長，並要求小組長不能自說自話。因為每一組的小組長通常都是團體中較積極主導的人。所以小組長的任務是「三問」：「誰來記錄」、「誰來報告」、「詢問每個人的想法」。「誰來記錄」，在討論時要先指派一位同學記錄；「誰來報告」，輪到他們這組報告前，就決定好負責報告的同學。不論是誰報告，必須堅守輪流的原則，每個人都要有報告的機會；「詢問每個人的想法」，先讓每個人都發表自己的想法後，組長才能提出意見。當組員在分享自己的想法時，每個人都要有回應，並表態同意與不同意。這些規則並不會馬上就流暢運作，而是經過多次討論後才會有效率。學生在討論時，教師都會提示討論時間剩下多少，主要在提醒報告者必須盡快歸納大家的想法，整理出小組的共識。

　　在此，建議各位老師一定要教孩子如何討論。未來的 PISA 評量有兩大改變，第一個改變是全面採取線上檢測，第二個是給予任務小組，協同回答。隨機分組受試者，並給予問題讓受試者討論。小

組最後能否得到的答案並不重要，主要的評分向度是受試者在小組討論中扮演的角色、表達的內容及回應的內容，從這裡可看出受試者是否具備良好的討論能力、合作學習的能力。尤其，近期除了諾貝爾和平獎之外，大部分的諾貝爾獎得主都是團隊，「合作學習」是學生須具備的能力。所以課堂上常常運用一套討論規則，讓學生培養討論的模式與默契，建立學生合作學習的能力。

文本細節提問

　　課文概覽後，讓學生找出課文中出現的四個「紅豆」，並針對這些「紅豆」找出意義上相同或不同之處，讓學生帶著問題回去思考。

　　課名「紅豆」是上位詞的概念，底下又分成兩個部分，段落名稱的「食用紅豆」與「紅豆樹」。詩文中的紅豆與小實孔雀豆段落中的紅豆都是屬於「紅豆樹」；以「紅豆」作為段落名稱者，則可以納入「食用紅豆」的概念中。若學生能夠區別四個紅豆的關係，那就能掌握整篇課文的架構。有些問題看似無趣，但是其實是在處理知識結構的問題。

Q1.檢視四大部分：這篇文章由哪幾部分所組成的，請用原有的標題或重新給一個標題來說明　？

(1)詩：〈紅豆〉＋語譯

(2)小實孔雀豆

(3)紅豆＋紅豆圖

(4)本課植物分析圖

Q1是在呼應前面四個「紅豆」的概念，同樣在處理文章的結構。接下來要進行閱讀理解教學，進行之前，需要上述數道題目幫助學生理解文章的重要內容。

在教學中，我們呈現每一道題目時，都要求學生不需立即舉手回答，而是先低頭在課文中圈劃出題目的答案。如果題目出來，學生就能回答的話，就不需再搭設鷹架提供選項。

Q2.古詩文中「紅豆」的「特徵」為何？（老師提示：在文章的哪一段落？）

(1)〈相思〉詩文的語譯

(2)小實孔雀豆第1段

(3)小實孔雀豆第2段

(4)紅豆第1段

答案是(2)小實孔雀豆第1段，但上課時，多數的學生選擇(3)

小實孔雀豆第 2 段，因為他們沒有注意到題目所問的是古詩文中的紅豆，或是問的是小實孔雀豆的特徵，所以才會回答出紅豆樹的概念。這個題目的重點在於，讓學生釐清每個段落的重點。小實孔雀豆的段落中有兩個概念，第一個是小實孔雀豆，第二個是其他的紅豆樹。前幾題都在處理細節內容的理解。透過這些題目就能處理全篇的知識。

其後的題目，很快的以選擇的方式讓學生判斷文本的細節重點，在此就不詳述。

用表格整理訊息

學生回應了全文的知識重點之後，接下來處理說明文的形式與閱讀策略。

大部分的學生能回答出課文中的兩張圖皆有助於整理。於是我提供了自然課本與社會課本的線索，藉此暗示圖表時常出現於學生的各科學習中。

Q10. 我們如何整理在課文中所學到的新知識呢？

(1)以雙向同異表來整理（提醒學生從圖表或文字來提取訊息）

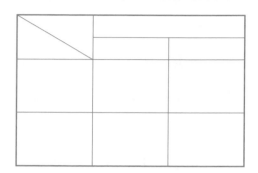

　　其次，提示學生思考本課主要談論的兩個對象：「紅豆樹」與「食用紅豆」，可以填在上圖右側或左側的空格中（如上表）。四組中只有一組能寫出右上方的三個空格「紅豆」、「小實孔雀豆」與「紅豆」（如下表）。讓這組分享他們的想法，他們認為，雖然「小實孔雀豆」和「紅豆」可以填在左側的空格，但是因為之前老師有提到「紅豆」的概念，所以填在右上方，底下分成兩類會比較清楚。只有一組的學生能察覺到填表方式。

種類 異同	紅豆	
	小實孔雀豆	(食用)紅豆
相異		
相同		

　　於是，我請每一組將右上方的三個都填入這一組的答案，再繼續討論左側的空格。討論之後，每一組的答案都相同。左上填「特徵」，左下填「用途」。所以再次引導，左上填入「特徵」，旁邊剛好有兩格，代表「小實孔雀豆」與「紅豆」的特徵不同。但是左下填「用途」，旁邊的格子是打通的，代表兩類紅豆的用途相同。

　　因為時間關係，所以直接給學生提示。由於這個表格是比較兩類的紅豆，我們在比較兩種東西時，最容易的比較方式就是比較兩者相同與相異之處。我又提示左上格可以填入「相異」，學生就能推測左下格可以填入「相同」。透過這個歷程，幫助學生形成表格的概念（如下表）。

種類 異同	紅豆	
	小實孔雀豆	（食用）紅豆
相異	喬木 不可食用 特徵 功能 ……	草本 可食用 特徵 功能 ……
相同	植物 都稱紅豆 形狀 顏色 ……	

Q10. 我們如何整理在課文中所學到的新知識呢？

　　(2) 用表格整理，有什麼好處？

　　(3) 除了表格外，還可以用什麼方式整理？

　　用表格整理的好處，在於簡化與比較。這題讓學生回顧所學，包含透過表格整理、以及課文內兩張圖所整理的方式，並理解到整理知識的方式十分多元。以表格整理訊息是閱讀策略教學中所要培養的摘要能力。

　　完成上述的教學流程，預計運用課堂時間剩餘的 3 分鐘進行回顧，透過回顧學習比較上課前的自己。這個部分不建議使用學習單形式，可以讓學生兩兩討論，讓學生體會到課前與課後的自己有何差異。

Q12. 回想學習，跟過去的自己作比較。

　　(1) 以前所知道的「紅豆」是什麼？

　　(2) 現在學到了什麼？

　　(3) 這篇文章有沒有什麼很特別或印象深刻的部分或內容？

　　這一課已經進行了三個部分：第一個步驟是閱讀理解教學，透過幾道題目理解文章內容；第二個步驟是閱讀策略教學，透過表格幫助學生整理複雜的知識，並培養學生摘要能力。

　　這堂課的亮點就在第二步驟。這個部分是文本內容中沒有提示

與安排，卻能廣泛運用於全部學科。雖然學生能時常從自然課本或社會課本中填寫表格，但往往沒有自己整理表格項目的機會，而表格整理最困難的部分就在於分類項目。所以掌握學生學習的難點，就能成為教學的亮點。

課例 3 〈五月天一成功是失敗的累積〉

設計理念

本文為說明文，以臺灣著名的樂團「五月天」為說明對象。文本中以他們的努力過程、話語及對自己的看法為軸，作者再用注解與理解，交錯編織成這篇關於五月天的生命故事。本課例即以國中生的閱讀理解角度出發，以不同層次提問建構本節的問思教學，讓學生更理解其生涯發展的議題與思考。

文本分析

Q7〈五月天——成功，是失敗的累積〉概念＋提問位置圖

Q4 主旨：目標明確，自己堅持加上夥伴支持，終能達成夢想

時間背景 →	發生事件 →	面對方式 →	感受體悟
夢想啟航 自我懷疑 1997 年 五月天成立	**Q2 對未來的迷惘 [3-5]** 阿信在出第一張專輯前內心百轉千折，懷疑機會是否真的會輪到五月天。	**轉換想法 [6]◆** 阿信領悟青春短暫，應想著如何達成夢想，而非反覆疑惑。	**堅定方向 [6]** 阿信決定在離開自強隧道前，結束迷惑，勇敢追夢。
面對困難 堅持逐夢 1999 年 發第一張專輯 2008 年 發第七張專輯 《後青春期的詩》	**Q5** 內在因素：家庭 **支持 [19]** 石頭的奶奶高興石頭不再打架，出錢幫忙買第一把吉他。 **反對 [19-20]** 阿信的媽媽會嘮叨、怪獸理應接下父親的事務所。 **親人病痛 [14-15]** 怪獸原可為了音樂犧牲一切，遭遇母親重病後，驚覺生活和生命才是最重要的。	**釋出善意 [20]★** 邀請家人來聽演唱會，讓家人看見五月天的努力。 **團員陪伴支持 [14]●** 石頭為了怪獸，將錄音器材來回搬到醫院旁的旅館，避免怪獸兩頭奔波的辛苦。	**獲得支持認同 [16, 19-20]** 石頭從火爆青年慢慢變得成熟平衡。 阿信媽媽提醒他，要好好寫歌，讓來聽演唱會的人滿意的回家。 怪獸爸爸決定放手讓兒子去飛，演唱會成了父子間的見面會。 **平衡事業生活 [15-16]** 怪獸客觀的看待音樂，誠實努力過生活，也開始嘗試作曲，然後將自己的感受放進音樂，創作屬於自己並有生命力的音樂。
	外在因素：事業 **出輯壓力 [11]** 怪獸形容，每次都有快走不下去、快掛掉的感覺。 **創作瓶頸 [21]** 阿信每完成一句歌詞，都要面對九十九句的失敗。	**團員互相扶持 [11]●** 夥伴互相支援幫忙，不催促也不給阿信壓力。 **坦然面對自己 [22]◆** 試著和失敗好好相處，接受真實的自己。	**深厚情誼的溫暖 [12-13]** 阿信只要想到朋友、家人，就覺得有力量，一咬牙，就過了看似過不去的關卡。 **一百分努力一分的成果 [22]** 創作上 99％都是瓶頸，和失敗相處越好，成功後才能不患得患失的走下去。

符號說明：
◆自我調適
★面對溝通
●夥伴支持

Q6

| 改變觀感
夢想成真
2009 年
十年有成 | **外界不看好 [17-18]**
臺灣過去沒有成功的搖滾樂團，周遭給予「夢想不能當成未來」的壓力。 | **用行動傳遞信念 [8, 10,17-18]**
搖滾不是握緊拳頭憤世嫉俗。堅持，是向偶像致敬的方式。勇敢做對且沒違背社會的事。

Q1 音樂特色：用音樂說生活的故事，歌曲主題離不開愛、夢想與勇氣。 | **得到世界的擁抱 [1, 8,17]**
享有「天團」美譽。演唱會熱鬧、熱情還賺人熱淚，被喻為正面積極的搖滾樂。

Q3 |

Q8 ＊＊ 寫作特色：用五月天的生命故事、話語及對自己的看法，和作者對五月天生命故事的注解互相交錯。
＊＊ 注：[ ] 內數字為文章段落序號。

提問設計

序號	提　問	參考答案	層次
1	五月天的音樂有何特色，讓他們受到外界矚目？	· 正面積極的搖滾樂。[8] · 歌曲主題是愛、夢想、勇氣。[8] · 音樂說的是生活故事。[17]	1
2	文中第 5 段提到：在發第一張專輯前，阿信的內心還是百轉千折。請說明阿信的內心有何「轉折」。	· 懷疑機會是否真的會輪到五月天 [5] →把時間花在如何達到夢想而不是疑惑。[6]	2
3	文中第 8 段提到：臺灣的男男女女都曾是他們歌曲裡的「志明與春嬌」。你認為這句強調的重點是什麼？	· 強調他們的歌曲很生活化、能打動人心。	2
4	文中第 13 段提到：五月天逐夢過程面臨許多難關，還好有「樂觀的個性」和「深厚的友誼」。請各舉兩個事件。	· 樂觀的個性 應思考如何達到夢想，而非迷惑。 學會和失敗相處，坦然面對自己。 · 深厚的友誼 耐心等待歌詞的創作，而非催促。 想到朋友、家人，就覺得有力量。 朋友家人生病，以具體行動支持。	2
5	家人對五月天走上音樂這條路的態度有些不同，想一想，反差最大的是誰和誰的家人？為什麼這兩位成員的家人態度這麼不同？	· 反差最大的是石頭的奶奶和怪獸的爸爸。 奶奶是支持石頭的，因她認為「玩音樂」比「打架」好。[19] · 爸爸是反對怪獸的，因他認為「接手律師事務所」比「玩音樂」重要。[20]	2

6	五月天對大家傳遞了許多信念。請寫一個你意料之外的影響並說明理由。	・搖滾不是握緊拳頭、憤世嫉俗。[8] 　說明：證明搖滾是積極正面的音樂。 ・堅持，是向偶像致敬的方式。[10] 　說明：成功不會是偶然，五月天讓我看見唯有持續不斷的努力與堅持，才有達成夢想的機會。 ・夢想若是對的、沒違背社會善良風俗，去做就是了。[18] 　說明：鼓勵年輕人勇敢追夢。	3
7	文章標題（大標、小標）常指出重點。你認為「五月天——成功，是失敗的累積」這個標題適當嗎？無論適當與否，請說明理由。	・適當。 　如同阿信說的：「每完成一句歌詞，我就要面對九十九句的失敗」。五月天不是輕鬆度過每一個難關，過程中經歷許多的挫敗，而這些失敗是五月天成功的基石。 ・不適當。 　五月天之所以能度過許多難關邁向成功，是因為他們有家人與團員的支持，和自己的調適，不是因為他們經歷很多失敗。	4
8	作者在報導五月天的故事，會穿插引用五月天的話。你覺得這種寫作手法是否有必要？無論必要與否，請說明理由。	・有必要。 　可以讓讀者更進一步的了解，五月天是如何調適自己的心情，及以什麼態度、方式面對困境，進而能使讀者對五月天的努力過程產生更多的認同感。 ・沒必要。 　作者用自己的話，也能清楚描述五月天的努力過程，太多的對話框反而會讓讀者不易閱讀，而且有些話會搞不清楚是誰說的，例第十一段，前一句是怪獸，後一句卻沒明確注明是誰說的，需靠讀者自行推論解讀。	4

教學規劃

（一）準備活動　個人思考

1. 請想一想，現在的你有什麼夢想？

2. 追求你的夢想的過程可能會遇上什麼困難？

3. 你會如何面對追求夢想的困難呢？

　　補充說明：本活動設計連結綜合活動。

　　教學提醒：請學生將答案簡要記錄在「比較表」的第一欄位。
　　　　　　　　完成後再兩兩分享，再請 1 至 2 位學生向全班分
　　　　　　　　享。第二欄於綜合活動使用。

比較表

追夢者	五月天	自己
夢想		
困難		
面對方法		

◎請學生閱讀文本

1. 大人導讀，誘發學生的閱讀興趣。

2. 學生兩兩一組，提醒注意文本中的標題，以段落區分朗讀文
本內容。

3. 請學生自己閱讀，並留意五月天在追求夢想的過程中，面對
困難時的態度與體悟。

（二）發展活動　全班討論

1. 五月天的音樂有何特色，**讓他們受到外界矚目**？［提取訊息］

A. 原提問

B. 請找找看，哪些標題談到五月天的音樂，再想想引起注意的原因。

C. 五月天的音樂特色，是因為他們的歌曲主題跟什麼有關？

【參考答案】用音樂說生活的故事，歌曲主題離不開愛、夢想與勇氣。

2. 文中第 5 段提到：在發第一張專輯前，阿信的內心還是百轉千折。請說明阿信的內心有何「轉折」。［推論訊息］　小組討論

A. 原提問。

B. 轉折是指心情的轉變，請思索「」中阿信說的話。

C. 「」的內容都是阿信的思考，請問阿信為了什麼事情煩惱？後來又是如何解決的呢？

【參考答案】懷疑輪不到五月天→決定把時間花在追求夢想。

3. 文中第 8 段提到：臺灣的男男女女都曾是他們歌曲裡的「志明與春嬌」。

你認為這句強調的重點是什麼？［推論訊息］

　　A. 原提問。

　　B. 說明：「志明與春嬌」指的是一般的臺灣人，所以五月天的歌曲怎麼樣？

　　C. 文中第8段提到：臺灣的男男女女都曾是他們歌曲裡的「志明與春嬌」。你認為這句強調的重點是什麼？

　　（1）很多男生、女生喜歡談戀愛

　　（2）五月天很擅長描述感情故事

　　（3）歌曲很生活化、能打動人心

　　（4）臺灣人有很多叫志明與春嬌

　　【參考答案】（3）歌曲很生活化、能打動人心。

4. 文中第13段提到：五月天逐夢過程面臨許多難關，還好有「樂觀的個性」和「深厚的友誼」。

　請各舉兩個事件。［推論訊息］　小組討論

　　A. 原提問。

　　B. 五月天說的話或做的事中，哪些可以讓人感受到他們有「樂觀的個性」及「深厚的友誼」。

　　C. 請將下列適當的答案代碼填入括號中。

　　（1）應思考如何達到夢想，而非迷惑

　　（2）耐心等待歌詞的創作，而非催促

(3) 想到朋友、家人，就覺得有力量

(4) 朋友家人生病，以具體行動支持

(5) 學會和失敗相處，坦然面對自己

（　　　　）樂觀的個性

（　　　　）深厚的友誼

【參考答案】（ 1 、 5 ）樂觀的個性

　　　　　　　（ 2、3、4 ）深厚的友誼

5. 家人對五月天走上音樂這條路的態度有些不同，想一想，反差最大的是誰和誰的家人？為什麼這兩位成員的家人態度這麼不同？[推論訊息]　**兩兩討論**

　A. 原提問。

　B. 請找找看，哪幾段描述了家人對五月天走上音樂這條路的看法，再比較有何不同？

　C. 家人對五月天走上音樂這條路的態度有些不同，反差最大的是石頭的奶奶和怪獸的爸爸，請將兩位家人態度不同的原因填入下表中。

石頭的奶奶	怪獸的爸爸

【參考答案】

石頭的奶奶	怪獸的爸爸
奶奶是支持石頭的，因她認為「玩音樂」比「打架」好。	爸爸是反對怪獸的，因他認為「接手律師事務所」比「玩音樂」重要。

6.五月天對大家傳遞了許多信念。請寫一個你意料之外的影響並說明理由。［詮釋整合］　小組討論

A.原提問。

B.說明：信念指的是五月天對音樂的主張和對夢想的看法。請寫一個你意料之外的影響並說明理由。

C.給選項：五月天對大家傳遞了許多信念，有：「正面積極的搖滾樂」、「堅持，才能達成夢想」、「夢想若是對的、沒違背社會，去做就是了」。請寫一個你意料之外的影響並說明理由。

【參考答案】

(1)「正面積極的搖滾樂」：證明搖滾不只是握緊拳頭、憤

世嫉俗，也可以是積極正面的音樂。

(2)「堅持，才能達成夢想」：成功不會是偶然，五月天讓我看見唯有持續不斷的努力與堅持，才有達成夢想的機會。

(3)「夢想若是對的、沒違背社會，去做就是了」：鼓勵年輕人勇敢追夢，不要輕言放棄。

7.文章標題（大標、小標）常指出重點。你認為「五月天 ── 成功，是失敗的累積」這個標題適當嗎？無論適當與否，請說明理由。[比較評估] 小組討論

A.原提問。

B.文章標題（大標、小標）常指出重點。請從文章中「內容的重要性」及「描述的多寡」判斷這篇文章的標題適不適合？並說明你的理由。

C.文章標題（大標、小標）常指出重點。就文章中「內容的重要性」及「描述的多寡」，請選擇一個適合的標題，並說明你的理由。

(1)五月天 ── 成功，是失敗的累積。

(2)逐夢踏實的五月天。

(3)五月天 ── 堅持，是夢想的基石。

(4)臨難無懼的五月天。

【參考答案】

適當	不適當
如同阿信說的：「每完成一句歌詞，我就要面對九十九句的失敗」。五月天不是輕鬆度過每一個難關，過程中經歷許多的挫敗，而這些失敗是五月天成功的基石。	文中有許多五月天遭遇困境的描述，且五月天也都正面面對困難，不曾退怯。所以我會選擇「臨難無懼的五月天」當標題。

8. 作者在報導五月天的故事，會穿插引用五月天的話。你覺得這種寫作手法是否有必要？無論必要與否，請說明理由。〔比較評估〕 小組討論

A. 原提問。

B. 作者在報導五月天的故事，會穿插引用五月天的話。請就下列選項，試著評論這樣的寫作手法是否有必要？無論必要與否，請舉兩個論點說明理由。

(1) 是否使文章更容易閱讀。

(2) 是否更清楚五月天的心情調適過程。

(3) 是否能很明確的知道哪句話是哪個人說的話。

(4) 是否能讓你更了解五月天這個團體的努力。

(5) 若沒穿插引用五月天說的話，是否會影響你對文章的理解。

c. 作者在報導五月天的故事時，會穿插引用五月天的話。你

認為下列何者不是作者使用這種寫作手法的可能原因？

(1) 讓大眾更了解五月天。

(2) 讓讀者更方便閱讀。

(3) 更清楚五月天的心路歷程。

(4) 聚焦五月天的信念。

【參考答案】選擇答案：(2)

有必要	沒必要
根據（2）、（4）。可以讓讀者更進一步了解，五月天是如何調適自己的心情，及以什麼態度、方式面對困境，進而能使讀者對五月天的努力過程產生更多的認同感，進而受到激勵。例如第二十一段「所以每完成一句歌詞，我就要面對九十九句的失敗。」阿信的這句話能讓人更有勇氣面對失敗，更樂觀的接受下一次的挑戰。	根據（1）、（3）、（5）。作者用自己的話，也能清楚描述五月天的努力過程，太多的對話框反而會讓讀者不易閱讀，而且有些話會搞不清楚是誰說的，例第十一段，「其實每次都覺得快走不下去，都有快掛掉的感覺。」是怪獸說的，下一句「但他們不會催我，只是……」卻沒明確注明是誰說的話，需靠讀者自行推論解讀。

（三）綜合活動 ▶ 兩兩討論

1. 請從文章及剛才的討論中，簡單的整理出五月天的夢想、困

難及面對方法，並填入比較表。

【參考答案】

追夢者	五月天	自己
夢想	成為有正向影響力的搖滾樂團	
困難	1. 對未來的迷惑與創作瓶頸。 2. 家人反對。 3. 親人病痛與出專輯的壓力。	
面對方法	1. 樂觀、不服輸的個性態度。 2. 面對溝通。 3. 深厚友誼的支持。	

2. 請比較自己跟五月天追尋夢想時遭遇的困難及面對困難的方法有何異同？

3. 追尋夢想從來就不是一件簡單的事，五月天用堅持向他們的偶像披頭四致敬。從五月天的身上，你學到什麼追尋夢想或面對困境的方法？

Chapter 7

「隔週共同備課」
v.s.
「雙月公開教學」

在詳細介紹過「閱讀問思教學」之後，身為教師的您，想必希望精益求精，穩定並提升閱讀教學的專業能力，或者想習得並適切應用閱讀理解問思教學模式，除了系統性的觀念之外，「持之以恆的精進」是必要的過程。其中，實踐的最佳做法就是「成立學習社群」，並以兩原則持續練習：

1. **隔週共同備課：學習社群至少每隔週（兩週一次）必須進行共同備課與說課；**
2. **雙月公開教學：教師每兩個月至少讓自己能公開教學一次，讓夥伴觀課與議課。**

以下將簡述學習社群、共同備課與公開教學的重要性，並以實例說明之。

為何要成立教師專業學習社群？

英國於 1998 年發表《教師：面對變革的挑戰》（Teachers: Meeting the challenge of change）綠皮書，強調「要吸引優秀人才加入教師的行列，並以教師生涯發展為核心，規劃快速升遷的管道與教師分級制度」；美國則在 2002 年公布《將每個學童帶上來法案》，強調「有好的教師，才有表現卓越的學生」。我國古諺則云：「名師出高徒」，沒有好的師資，就不可能有好的學生，這是一切教育

的根本。時任教育部中教司的陳益興司長也說：「贏得師資就贏得教育、贏得教育就贏得國家未來」（陳益興，2006），教師專業的確是最重要的教育奠基工程。因此，中外皆強調教師的素質，因為師資素質的良窳不僅關係到國民教育的成敗、決定明日公民的素質，也牽引著國家競爭力的強弱，在國家經濟發展上居於樞紐的地位（林新發、王秀玲、鄧珮秀，2007）。

　　不同於國中教師的分科培育、分科教學的師資養成，國小教師在個別專業能力的程度與見解，可能存在著極大的差異。尤其自1987年起，既有的九所師範專科學校全面改制為師範學院，然而由於學制設計的限制，使得原本以「通才」為培育目標的師專教育，轉向以國小學科為單位，而分別設立各類「○○教育學系」，於是原本的「通才通科」課程，遂轉化成「學科核心」課程。各科系強調其專門領域課程比重調整，也同時壓縮到教育專業課程的時數。然而國民小學「包班制」的通科教學型態，在短期內恐怕也不會有根本性的改變，大部分國小教師必須同時任教諸多科目仍是普遍的事實。是以過度強調教師某個別學科的能力，也可能輕忽國小教師在其他學科能力的養成，而這在近來的國小教學場域中，也造成頗多的質疑與隱憂（林于弘、林曉芳，2005）。

　　國語文是最重要的工具學科，在國小諸多學習領域中，語文領

域的時數仍居於首位（20％～30％），而國語文不論就授課時數或課程內容而言，也都是語文領域的核心，是以，國語文的重要性自是不言可喻。注音符號、聆聽、說話、識字與寫字、閱讀、寫作等六個向度的基本能力，共同架構了國語文學習的整體（教育部，2003），其學習成效的高低良窳，也足以影響其他領域的學習成就。其中，閱讀能力的培養，更是國語文學習的核心之一。

　　教師專業學習社群在強調教師專業發展的今日，儼然成為各校支持教師自主精進學習的重要途徑之一。以學科的角度而言，閱讀乃為各學科重要基礎之一，然其系統性與序列性卻不若數學、自然等來的明晰具體；換言之，閱讀之教學重點及方法往往仰賴教師對閱讀之認知與喜好，而展現出不同的教學面貌。稍後本文將以一個「跨校社群」為例，敘說一群語文教師，在多次的共同備課過程中，所呈現出來的教師專業交流與互動，其後並進行實際教學公開課，檢視其思與行之實踐性。

教師學習社群發展與運作的相關研究

　　回顧歷史，學習社群在1990年代開始發展，始於商業界對組織學習能力的設想。其中，最負盛名著為 Senge（1994）在《第五項修鍊》一書中提及的「學習型組織」，包含自我超越、心智模式、

團隊學習、建立共同願景、系統思考等重要概念。其後不久，教育界之學習社群亦在諸多學者倡議下，於焉成形。首先，就學習社群的目的而言，Sergiovanni（2006）揭櫫學習社群以「學習」為核心，以增進成員的專業成長，此外學習社群也可以建立關係和責任。高博銓（2008）則指出學習社群的成立是為了提供一個學習的環境與機制，以促進個人的成長與發展。其次，學習社群是一種非正式的團體，由成員主動自發所成立的團體，其建立與發展端賴社群中成員的努力。

　　張新仁、王瓊珠與馮莉雅（2010）認為促進教師教學增能的專業成長活動，必須與實際的教學脈絡相輔相成，也就是結合任教的班級與學校情境，才能學用合一。因此，以學校為本位，由志同道合的教師自發性組成專業學習社群，進行長期持續性學習，而非侷限於參加單次性的研討活動，已成為世界主要國家提升教師專業成長的重要平台之一。譚彩鳳（2011）歸納 DuFour、Eaker、Hord、Wenger 等學者的觀點，指出教師學習社群是指學校人員有共同關心的事務，也具有共同的目標及價值取向，共同協作、集體負責，並一起探究、反思、學習、分享經驗及改進教學。丁一顧（2012）則整理 Bolster 等國外學者對專業學習社群（professional learning community, PLC）的定義，認為這是一種滿足個別差異的教師成長團

體，係由三至五名，或四至六名教師針對自己有興趣的主題設定發展目的與願景，共同進行集體探究與行動研究，藉以改變教師孤立狀況及促進教師合作，進而提升學生學習與改善學校教育品質。

在學習社群的運作策略方面，Kruse、Louis 和 Bryk（1995）指出五項特徵包含反思討論、學生中心、專業互動、合作成長、分享互利。DuFour（2008）則提出運作三原則，為：關注學生學習（learning），關注合作文化（collaborative culture）、關注結果（results）。

以國內相關學者之見，高博銓（2008）認為有效的運作策略包含以下六項：

(1) 透過團隊工作的方式，凝聚成員的心力與智慧，提供社群生產力；

(2) 採取分享的領導作法，讓教師在運作過程中，貢獻智慧、參與領導；

(3) 運用同儕視導的模式，營造教師反思的文化，提升教師專業知能；

(4) 利用合作學習的方法，增進互動、強化關係，發展共識；

(5) 製作專業的檔案夾，改善教師教學，促進學生學習；

(6) 擬定相關的配套策略，以整體的角度，謀求社群永續發展。

　　張新仁、王瓊珠與馮莉雅（2010）則認為其特徵為：共同願景、價值觀與目標；協同合作，聚焦於學習；共同探究教學；分享實務；實踐檢驗，有行動力，從做中學；持續改進；檢視結果。丁一顧（2012；2014）整理相關文獻進一步指出，吾人要思考四個問題：(1) 我們要學生學習什麼；(2) 我們如何知道學生已經學會；(3) 當部分學生有學習困難時，我們該如何回應；(4) 當學生對於所學已達精熟時，要如何豐富及擴充學生之學習。綜言之，教師專業學習社群不外是五個層面：共享領導、共享願景、集體學習、共享教學實務、支持情境。

　　然而，欲打破學校傳統的教師個人主宰的「教室王國」面貌，學習社群其實也面臨諸多挑戰。高博銓（2008）認為有：學校領導者所給予的奧援；教師專業成長需求的滿足；以「教與學」為核心的目標定位；以及社群與學校文化的相容性。張新仁、王瓊珠與馮莉雅（2010）認為學習社群欲成功的關鍵，在於要有合適人選擔任社群召集人；人數不必多，但求志同道合；學校行政人員的高度支持。

　　譚彩鳳（2011）歸納諸多學者的觀點，認為教師學習社群可「打破傳統教學個人主義的孤立教師文化」，加強教師之間的參與、集體反思、分享教學等機會，亦創造了溝通與協作的學科組織文化，進而重組學科組織結構。譚彩鳳並以個案研究的方式，研究香港一

所中學中文科的教師學習社群，發現：教師學習社群的發展與課程改革相輔相成；教師學習社群發展需要時、地、人的配合；教師學習社群之建立與組織文化之兼融。丁一顧（2012）則提出應以學生學習為核心的專業學習社群，其運作策略包含：共同釐清專業學習社群目的與願景；善用檢核表引導與檢視；發展積極性介入教學方案；合作發展共通形成性評量；落實實踐本位教師專業學習社群；推動以學生為本之文化轉化。

綜上所述，可知隨著教師專業學習社群發展，不但為教師個人增能，也能促進教師團體成長，所產生的結果包括課程的創新、教學改進、人際溝通協調及組織文化的更新。

究竟教師學習社群是否真的能為學生的學習帶來改變呢？依Lee、Smith 與 Croninger（1995）的研究發現，有實施教師專業學習社群的學校，其學生在閱讀的學業成就，比未成立專業學習社群的學校有較高的表現，此外，也能縮小不同家庭背景學生的學業落差。另外，Berry、Johnson 與 Montgomery（2005）研究發現，參與專業學習社群的學校，有超過 80％的學生，在北卡羅蘭那州 ABC 閱讀測驗亦能達成標準化測驗的要求。

以國內的實證研究而言，丁一顧（2014）採問卷調查法，研究對象為臺北市 29 所國小共 720 名教師，研究工具為「教師專業學

習社群運作狀況調查問卷」，以平均數、ANOVA、MLM 進行資料分析。研究結果顯示：(1) 臺北市國民小學教師專業學習社群運作時，對「學生學習成效」之關注程度良好，然各學校間對學生學習成效之關注程度卻有差異；(2) 優質學校認證、校長教學領導、學校教師文化等學校環境因素，對教師專業學習社群在「關注學生學習成效」上面有所影響。其建議為：建置專業社群支持系統、強化校長領導作為、營造正向學校教師文化、加強政策連結學生學習、善用指標進行自我檢核、賡續進行精緻模式驗證等。

語文領域共同備課的相關研究

以學科領域的特質而言，國語文學科在華人世界基本上承擔至少三項使命──工具性、文學性與文化性（王珩等，2008；李漢偉，1999；何三本，2002；陳正治，2008；陳弘昌，2001；羅秋昭，2007）。當國語文作為該社會人際互動重要的媒介時，國語文學科即是引導學習者適應該社會的重要工具，無論是學習階段或未來就業皆是必要的基本能力之一；其次，文學可以陶潛人性、啟發思路，國語文學科之文學指引，可提升學習者之人文精神與藝術理路；最後，文字語言同時也是文化重要的載體之一，透過國語文學科或可讓學習者同時領悟文化的內涵。於是，國語文學科內容之編輯與選

擇，即可展現內容設計團隊如何看待語文的多項特質，孰輕孰重，教科書內容取捨之間，也影響了教學者與學習者直接獲得的語文學習內容與資訊。因此，國語文相較於各學習領域之特性，作為「基礎性」學科的地位幾乎無庸置疑，許多論述皆表示語文學習是其他科目領域學習的基礎（許育健，2011）。

　　基此，關於國語文教師共同備課的組成方式，其實是十分彈性而多元的（張新仁、王瓊珠與馮莉雅， 2010）。在組成方式上，可以年級、學科／學習領域、學校發展組織、專業發展主題等不同形式；在運作方式上，則可包括協同備課、教學觀察與回饋、同儕省思對話、專業檔案等多元方式進行。香港教育局（2012a；2012b；2012c）在其小學校本課程指引、學習領域課程指引等官方文件中，明確的提出定義：共同備課不僅是教職員會議或學科小組會議，而是就學生學習相關的範疇，教師一同計畫、探究、討論、反思及改進。其次，指出了共同備課發展歷程的三個階段，每一個階段都包含「想做什麼」（教師反思）、「做什麼」（備課內容）、「如何做」（協作方式）等三部分。

　　湯才偉（2004）認為共同備課欲成功推展的條件有四項：問題、組員、資源、環境。(1)問題：是指參與者的問題解決需求及團體認同的需求；(2)組員：強調人際關係與角色觀念；(3)資源：主要是

時間與外援；(4)環境：最重要的是建構具安全感的環境。

　　丁一顧（2008）則依相關文獻整理出「共同備課教學循環圖」，其步驟為：(1)共同備課，(2)教學或觀課，(3)回饋與省思，此三者將反覆循環。其實，最關鍵的起步，乃在於不同學校的教師和其他相關人員，如何組成跨校學習社群，並展開互動學習（Roberston, 2007；Sturko & Gregson, 2009），在國內少子化導致小校小班的趨勢下，是個值得探究的議題，也是本文亟欲分享的實務經驗。

　　我國教育部近年來亦積極推動教師專業學習社群的相關措施，不僅於2009年編製出版「中小學教師專業學習社群」手冊（張新仁、王瓊珠、馮莉雅編，2009），並建置「中小學教師專業發展整合平台」專區網站。在其手冊中，列舉了國小、國中、高中不同的成功案例。其中，臺北市中山女中即以「國文科」專業社群的運作歷程與成果，說明教師學習社群的成功經驗。

　　此外，在國小國語文上亦不乏成功案例。吳元芬（2013）即分享新竹教育大學附小語文學習社群的運作與歷程，以「團隊的力量往往大於個人，結合眾人的力量，更能集思廣益，將效益完全發揮」為信念，透過討論、對話、分享的模式，從識字教學的共同備課開始，到閱讀理解提問教學設計，甚至結合大學相關科系的學生進行數位寫作課程，成果斐然。以下將分述本文所指國語文社群之發展歷程及運作模式。

📖 我們的故事❶

學習社群之共同備課與公開教學

　　這個故事發生在 2013 年底。主要是透過跨校的幾位核心教師組成工作小組❷，針對 2014 年 4 月的公開教學任務需求提出對策，如：共同備課教師之遴選邀請，備課工作坊之課程安排與運作流程，以及觀課、評課等活動，乃至公開教學的實施等等，都將透過群策群力的腦力激盪，以營造最大最好的教學成效。

　　本社群的組成集合了大學國語文教學專長教授、小學現場專家教師、小學現職一般教師等三方教師共同組成學習社群，研討國語文教學之相關教材與教學策略。其中，花費數次會議時間具體針對文本內容進行分析與深究，以提升對閱讀教材的基本認識，俾能增添後續的延伸與運用。其次，以觀課、評課等活動，增進閱讀教材與教學的實務知識。最後，將此歷程進行教師個人反思，並建構學習社群共同備課與教學的模式。

---

❶ 本案例曾發表於 2014 年 10 月 24 日由國立臺北教育大學主辦之「與政策對話：師資培育的回顧與前瞻」學術研討會。篇名：國語文社群共同備課之歷程與省思（許育健、謝秀芬、林于弘）。

❷ 此小組主要成員為：臺北市國小國語文領域輔導團主任輔導員鄒彩完校長，健康國小謝秀芬老師、中正國小賴婷妤老師、桃源國小陳美伶老師，及本人。

故事背景：由「團內」至「跨校」共同備課

　　此次跨校共同備課的因緣，來自於臺北市國教輔導團自102學年度起全面推動輔導員公開授課活動。國小國語文領域輔導小組為回應現場教師的需求，即擬由四位輔導員協同合作完成歷時四節的「完整」語文教學。這些來自不同學校的輔導員在主任輔導員的領軍下，共同備課、文本分析、教學規劃，儼然已是跨校語文備課社群的組合。

　　在某次隨意發想之下，遂由輔導員們建議，何不將原本輔導團員例行的共同備課「公開化」──以工作坊的形式，讓其他國小現職教師也能參與此備課歷程，跨校語文社群於焉成形。而這五位富有語文教學示範經驗的輔導員，將帶領其他成員體驗一直以來國語文輔導團內部共同備課的真實演繹歷程。其後，並透過公開授課的教學實踐，完成此共同備課與公開教學的全紀錄。

共同備課：感受每一次的成長

　　教師社群成軍後，共同備課步伐隨即邁出。從原本各節教學活動的獨立成形，到彼此連成一氣、無縫接軌，歷經五次討論。每討論一回，設計就更完整，步驟便更清晰，思考就更周延，觀念便更通透。五次共同備課討論中，前兩次為核心老師的小組討論；第三

次開始即加入現場老師，形成「雙圈討論模式」——「內圈」共同備課，「外圈」觀摩學習；最後達成雙圈「交互對話，相互學習」，使不同視角的教師在共同備課的彼此激盪下，獲得個人的專業成長。

一、定向與定位——凝聚教學觀點的共識

第一次共同備課僅核心教師群參與，先就授課教材進行初步解讀，再商定各節教學擔當者，確定各節次教學方向、重點。

此次活動選定〈紅豆〉❸作為授課課文，主要著眼於其敘寫的形式十分特別，有標題、有圖表，與一般課本中呈現的說明文顯然不同。而當一兩位核心教師於會議前自行備課時，卻發現教材「疑問」重重：雜揉古詩詞翻譯的文本形式，可以算是說明文嗎？課文中圖表分析似乎理路不清，多處不符課文說明；「小實孔雀豆」第二段所敘重點其實是「以紅豆為名的樹」，與標題不符……。

面對教材的諸多「不合理」，核心教師們陷入苦思，擔心教學設計將膠著文本內容正確性的探討，而偏離語文教學的本質。「不能把這一課的教學變成自然課」——這是教學群的共識，於是〈紅豆〉一課被我們視為「多元教材」，有詩詞、有標題、有圖表，教學設計將彰顯這些教材特色，讓學生運用方法整理訊息，學會如何

---

❸ 南一版第八冊（四下）第二單元「植物的世界」之第七課〈紅豆〉。

閱讀知識性文本。

　　決定教學方向後，教學群也嘗試建立一般課堂教學可複製、可依循的語文教學模式，確定由概覽全文、基礎理解、深度理解，至學習遷移等四步驟後，便進行授課分工（如表 7-1）：

表 7-1　每節課的教學重點與說明

節次	教學重點	細部說明
第一節	主題概覽、文章閱讀	整篇文章的認識，包含課文概覽（找重要句子）、抓主題（字詞義）。
第二節	字詞深究、文句理解	從字詞到文意，包含會寫錯的字。
第三節	段落深究、篇章組織	【閱讀理解問思教學】 內容深究（含句子及段落重點的整理）
第四節	辨析文體、讀寫結合	比較寫作，配合習作進行。

　　各節授課教師及教學重點定位後，中年級語文教學重點的比重與低年級的差異便呼之欲出了，中年級的識字教學採「隨文閱讀」進行，分量將大幅減少。眉目既明，各節課授課者便自行著手單節教學活動的草稿設計，此為下次會議討論重點。

二、雛型與輪廓──產出單節教學的初稿

　　各授課教師依節次陳述各節教學活動初步設計，提出構想或困難，經由討論補充各節可關注的細節。備課討論至此，各節教學樣貌初具雛型（如表 7-2），核心教師群於是決定邀請五名現場一般教師參加工作坊，加入共同備課的觀摩與討論。

表 7-2　每節課的教材內容分析

節次	教材內容分析
第一節	◎**主題概覽、文章概讀** · 先導讀詩篇，再解析詩的內容意涵與架構。 · 分析詩篇的字義，例如：「君」字的字義。 · 讓學生覺察文本的主要結構，將其分成三部分。
第二節	◎**字詞深究、文句理解** · 藉由隨文識字方式，帶領學生認識字形、字義。 · 以圖示介紹小實孔雀豆與紅豆的外觀差別。 · 說明「材質」與「養生」二詞。
第三節	◎**段落深究、篇章組織【閱讀理解問思教學】** · 以提問引導學生理解文本。 · 以表格呈現引領學生對文本資料的整理。 · 讓學生能理解文本相關知識並了解作者如何說明。
第四節	◎**辨析文體、讀寫結合** · 以第三部分「紅豆」，進行概念的提取。 · 藉由概念圖示輔助說明紅豆的相關訊息。 · 對照比較學生作業與文中的「分析圖」進行比較。

三、串連與修改──連貫各節教學的脈絡

　　由於前一次的討論激盪，讓核心教師「主動」修改原先的教學設計，第一節加入了朗讀教學，藉以引導學生理解〈相思〉詩意；第四節則幾乎全盤顛覆先前設計，改「圖表比較」為「圖表應用」。而核心教師也察覺到第二節多數重點及活動放在處理字形，重要的詞意著墨反而較少，需再調整；對於第三節為何捨課文中的圖表，而另以「雙向同異表」整理訊息，也提出「沒有比較就不必要畫表格」的論述。

　　此次共同備課，五名教師進場在「外圈」觀摩，當教學設計討

論告一段落後，由這些初加入的老師除了現場提問外，亦於會後分享心得，茲整理如下：

1. 共同備課模式的建構

- 在這次參與討論的工作坊中，感受到鄒校長及四位核心教師對教學的熱忱，從中我可以找到一個共同備課模式來遵循：大家共同研議、初步擬定每節課的方向及教學重點、各自備課、共同討論每一節課的設計、進行修正再彙整。」（甲師）

2. 教學語言的整合

- 藉由這個模式，我們可以看見四位老師各自對教學的想法、創意、教案呈現的方式，卻也發現似乎在課與課之間有重複出現的部分，以及教案中「教材分析」內容的呈現及「教學流程」的標題用語等的不一致性。因此，在各自備課後的共同備課討論是很重要的，如何將四個人的教學整合成一份完整且連貫的教學活動內容，在要與不要之間進行取捨，是很關鍵的一點。（乙師）

3. 共同備課對教學的啓發

- 很高興這次能夠看到四位老師所展現出的教育專業，針對擬定的教學目標安排適當的教學內容，在短短的四節課中，從

概覽課文直到讀寫結合，每一節課都用心安排，為我這個後進啟發許多教學上的想法。（丙師）

四、整併與精修──統合整體設計的語言

各節教學活動已然底定，本次備課重點在「各節教案合體」，合體工程浩大：要刪除重複的能力指標；要將四份教材分析打散、重整，合理排序後，再行增補。

統一各節教學活動名稱，依次為準備活動、發展活動、綜合活動；規範教學評量的寫法，包含條件、方法、標準三概念；每節起始須寫出預習作業重點，最後都須有學習回顧及指定作業的安排。

此外，再次審視各節活動，更可看出核心教師不斷精進的修改：第一節：刪除繁複的段落排序，將朗讀活動步驟化，導入活動也明確化了；第二節引起動機可銜接第一節教學，採逐段教授詞意，詞語教學比重增加了，字的教學僅保留「喬」字族及形近字；第三節修正了雙向同異表，並增列說明文用語指導；第四節則依建議採用第三節的表格作為讀寫結合的依據。

令人驚喜的是，現場教師開始加入核心教師共同備課的對話之中，前次曾在詞語教學上有較深刻的討論，核心教師期待現場教師去思考「課文中『重要詞語』選定的原因」，得到了極有價值的回應：

- 感謝○○老師提問，我開始思考選擇哪些詞語作為本課的重點詞語來教學，是其來有自的。（甲師）

- 語文課語詞的深入探究，最終應能幫助「理解文章內容、主旨」，更回到本課教學重點。一開始語詞探究，可藉由字音、字形、字義和造字方法、近義詞等來理解字詞意思，或擴展識字，或擴展同義語詞等。再者，語詞深究還能幫助寫作，如擴充語詞增加詞彙量，如一些豐富寫作意境的描寫用詞，如修辭技巧使用的語詞，如特定句型陳述想法所使用的語詞，或如成語、四字語詞等。（乙師）

核心教師教學設計的創意，在共同備課的第一時間分享給現場教師，也立即解決了教學的困難：

- 第三節○○老師以「下小標題」的方式來引導學生說出段落的大意，是一個值得學習的教學方式，因為學生可以有依據，以此小標體為出發點，發展出段落大意！以我自己的教學經驗，學生在說出段落大意方面很困難，可以試試下小標題的方式。○○老師的讀寫結合教學活動設計是一個有趣的活動，也讓我學到該如何帶領學生進行說明文的寫作。作文的題目自國語課的課文內容衍生出來，也是我現在努力的方向。○○老師的活動讓我有很多的啟發。（丙師）

五、檢視與補遺——確定全課教學目標

本次備課會議已十分接近公開授課的日子，因此重點放在教學設計的最後檢視，赫然發現有了各課教學目標，卻無全課教學目標；第三節有了「雙向同異表」，卻沒有一節帶著孩子理解課文中的兩個分析圖。

社群成員花了一些時間彙整各節教學目標，再以合併、刪除、分主次等策略整理出全課教學目標，恰好是「一節一目標」，如下：

(1)能了解說明文體的特色。

(2)能理解文意，使用不同的策略理解字詞義。

(3)能比較各段的關係，以表格分析文章主要內容。

(4)能運用說明方法，清楚有條理的介紹物品。

至於課文兩個分析圖的解讀則安排在第三節，第三節的提問再予以精簡，以免教學分量過重。

語文社群共同備課模式

在此次共同備課的歷程中，「求同存異」是核心教師間的默契，「求同」使我們有共同的教學目標、相同的表述語言，「存異」讓我們在一致的信念下仍保有個別的自主性。無論是文本分析、教學重點、教學流程、相關配套，乃至最後公開授課的教學實踐，在一開始已建置的整體四節課框架之下，先由核心教師各自設計、編寫，再經由一次比一次更深入的對話，建立一回比一回更穩固的互信，做了最適切的調整與串連，以下分項敘述。

一、文本分析——以〈紅豆〉為例

文本分析肇始於各自為政，授課者教到哪兒，文本分析就寫到哪兒，不加規範限制，但必須透過會議將不同授課者的文本分析予以整併、排序、增刪，以求層次井然，分析入裡。彙整時，依照兩項原則排序：

（一）先整體後局部

先呈現全課總說，以明課文全貌；再依內容敘寫特色——先詩詞後說明，呈現局部重點——先分析「文學中的紅豆」，再分析「生活中的紅豆」。

（二）先內容後形式

在全課總說部分，先呈現文本性質及各段重點，此為內容分析；再就內容各要素及功能，呈現架構表，是為形式分析。

在內容敘寫部分，「文學中的紅豆」由分析生字而分析詩意及朗讀要領，漸次呈現形式上的表達；「生活中的紅豆」分析則是由字及詞，繼而內容到形式。

二、教學重點

「教學目標是大方向，教學重點要能具體化、有指示、有規準。」這是在第三次共同備課會議相互討論中釐清出來的。

（一）從模糊到清晰

以第一節課為例，剛開始只知第一節要概覽課文，最終可釐清本課的概覽乃聚焦在「掌握課文版面特色以了解文體」。

（二）從項目到細節

以第三節課為例，著重在以表格分析整理重點內容，所謂「重點內容」在本課即是「比較性的資訊」。表 7-3 依據表 7-1 再細分教學重點。

表 7-3 每節課的教學目標及重點

節次	教學目標	教學重點
第一節	・能初步了解說明文體的特色。 ・能熟習古典詩歌的字詞義。 ・能反思自己的學習。	**◎主題概覽、文章閱讀** ・初讀課文後，與同學交流，提出個人疑問及收穫，激發自主學習的動力。 ・經由討論、比較，說出本課版面形式的說明作用。 ・正確說出〈相思〉的白話意思。 ・有節奏、有感情的朗讀〈相思〉。 ・寫出正確而結構優美的國字。 ・回顧學習歷程，寫下個人收穫與同學分享。
第二節	・使用不同的策略理解詞義。 ・藉由關鍵字「紅豆」理解文意。	**◎字詞深究、文句理解** ・採取圖示、字辭典、拆解詞語、上下文語境等策略理解詞義。 ・配合語言情境了解「紅豆」一詞的意涵。
第三節	・能了解課文段落重要語句。 ・能比較各段的關係，並整合課文主要內容。 ・能以表格分析本課主要內容重點。	**◎段落深究、篇章組織** ・默讀各段內容，指出主要語句。 ・以「下小標題」方式歸納段落重點。 ・透過不同層次的提問，理解主要內容與重點。 ・以導入表格的方式，整理課文中所呈現的比較性資訊。
第四節	・能判斷出課文重要訊息，整合歸納出上位概念詞。 ・能運用分析、歸納、比較等思維方式，清楚有條理的介紹物品。	**◎辨析文體、讀寫結合** ・針對課文相關訊息進行篩選、組合、比較，透過語言的概括與表達，以促進閱讀理解。 ・理解說明類文章的說明方法，例如：表格、結構圖、說明圖……等。 ・運用說明的方法來介紹生活中的物品。

三、教學流程

「逐一檢視與修正教學內容，是為了更能聚焦於教學重點進而順利達成教學目標。」現場老師在第二次參與共同備課討論時寫下這樣的心得。

「教學流程」是每次共同備課討論的焦點，聆聽設計者的發表，總能牽動聆聽者的思考，使各節教學雖各有重點，卻都能環環相扣，更有層次。本教學設計第一節概覽課文，掌握文體特色外，進行了課文第一部分的討論；第二節則就第二、三部分進行詞句理解；有了前兩節的鋪墊，到了第三節，學生便能了解全課架構，進而做訊息的比較、整理；第四節就能運用整理訊息的表格工具，開展學習遷移的寫作活動。表 7-4 為本次共同備課完成教學設計之各節流程簡述。

表 7-4 每節課的教學設計與流程

節次重點	教學流程
第一節 課文概覽與 詩意理解	**一、準備活動——回憶、釐清** （一）揭示本課文題——紅豆 （二）預習檢查 **二、發展活動——概覽、讀詩** （一）概覽課文 　1. 判斷寫作目的 　　Q：你認為作者要告訴我們的是紅豆的故事、知識、道理，還是對紅豆的看法？ 　2. 認識文體特色 　　（1）共同討論——連結舊經驗 　　　Q1：本學期學過的、也是告訴我們知識的是哪一課課文？ 　　　Q2：本課與第五課〈米的魔術師〉版面上除了文字內容，還有什麼相同的地方？ 　　　Q3：本課版面比第五課〈米的魔術師〉多了什麼？ 　　（2）小組討論——「版面形式」之特色與功能 　　（3）揭示本課學習重點—整理知識的方法 　3. 提出疑問 　　Q：本課在讓我們了解紅豆的知識，為什麼一開始就提出〈相思〉這首詩？ （二）理解〈相思〉詩意 　1. 讀清詩意 　2. 讀出詩情 　3. 寫字指導 **三、綜合活動——反思澄清** （一）學習回顧 （二）寫下收穫
第二節 句段理解與 語詞深究	**一、準備活動** 提供圖片，請學生分辨看看，哪些是「小實孔雀豆」，哪些是「紅豆」。 **二、發展活動** （一）文意理解與語詞教學 　1. 朗讀「小實孔雀豆」課文。 　2. 教師提問，結合上下文理解「細緻」、「紋理」詞意，分辨「材質」、「用材」意思。 　3. 朗讀「紅豆」課文。 　4. 學生提出不易理解的語詞，請小組至少挑選其一嘗試解釋後發表。（補充、外銷、澱粉、蛋白質、食物纖維、解毒、清熱、利尿、養生） 　〔教師提問〕Q1：「澱粉、蛋白質、食物纖維」與「解毒、清熱、利尿」與紅豆有什麼關係？ 　　　　　　　Q2：課文為什麼說「多吃紅豆對養生很有幫助」？「養生」是什麼意思？ （二）透過語詞理解全文 　學生圈出課名「紅豆」、詩歌中的「紅豆」及副標題「紅豆」，依序標上①②③。 　〔教師提問〕Q：這三個「紅豆」說的是不是相同的東西，為什麼？ **三、綜合活動—學習回顧**

第三節 提問思考與 內容深究 [閱讀理 解問思教 學] ❹	一、**準備活動（複習提問）** 二、**發展活動** （一）整體架構理解 （二）文本細節（知識）的提問 [參考教師手冊] （三）用表格來整理複雜的訊息 1. 以雙向同異表來整理（提醒學生從圖表或文字來提取訊息） 2. 用表格整理，有什麼好處？ 3. 除了表格外，還可以用什麼來整理？ 4. 讀一讀課文，在說明時通常會用什麼字詞？ 〔習作指導〕〈可可豆〉閱讀測驗 三、**綜合活動——學習回顧**

第四節
讀寫結合
	一、**準備活動——歸納上位詞**
	（一）回顧：找到段落間的重要訊息，用自己的話來說說什麼是小實孔雀豆、什麼是紅豆？
	（二）思考：有條理的介紹事物
	    1. 要清楚介紹小實孔雀豆、紅豆，需要掌握哪些重點？
	    2. 除了用文字外，有沒有其他的方式可以介紹？
	    3. 這樣的介紹方法有什麼效果？
	（三）比較：找出標題與副標題間的關係及作者想要表達的意思？
	    1. 小實孔雀豆——（　）的紅豆
	    2. 紅豆——（　）的紅豆
	
	二、**發展活動——介紹生活中的事物**
	（一）說明任務：以「鉛筆盒」為主題，分組討論，請學生運用不同的說明方式來表達。
	（二）提出目標：
	    1. 從不同面向來介紹兩種鉛筆盒。
	    2. 整理出介紹的重點。
	    3. 用有條理的方法介紹這項物品，並能呈現出「比較」的效果。
	（三）同儕回饋：小組分享。
	
	三、**綜合活動——交流與回饋**

以下為第三節表格（用雙向同異表來整理）內容：

種類 \ 同異	紅豆	
	小實孔雀豆	（食用）紅豆
相異	喬木 不可食用 特徵 功能 其他補充	草本 可食用 特徵 功能 其他補充
相同		

❹ 詳細內容請參見本書第六章課例二。

四、相關配套

為了使教學能一脈相連，即使是課堂教學上無法呈現的作為，在共同備課時因為一人的發想，而激蕩出更全面性的思考，對學生的學習也將有更完整而長效性的關照。我們發現，共同備課不僅僅是「備教材」、「備教法」，還需要備很多，如：

1. 備學生：了解學生學習經驗，包含相關的知識或課程背景；為不同能力的學生搭建不同學習鷹架，尊重個別差異。

2. 備作業：學生在上課前該有怎樣的準備，需做什麼樣的預習？學習後該指定哪些作業，以有效鞏固學習？

以上考慮也在此次共同備課討論中提出，並寫入教學設計中，使教學思維更為縝密。

五、教學實踐

五名現場老師經由觀摩核心教師的共同備課歷程，與相互對話的參與，對完整一課的語文教學設計有了較清晰的概念後，繼之而來的就是將書面的預設具體化為教學現場的見證。

聆聽四節課的教學規畫後，五名教師便進入不同授課班級觀課，目睹核心教師們因應學生狀況調整預設，一一呈現教學重點，在觀課單上寫下「我準備這樣做」：

- 關注教學目標及重點：透過備課，擬定目標。掌握目標，設計每節課的教學重點。

- 促進有效教學的作法：思考教學方式、內容，準備適當的媒材（ppt、字卡、便利貼）。上下文來回、配合實物體驗，理解詞意。協助學生澄清語意時所用的思考單。在課堂上可嘗試不同策略教學（差異化學習單技巧）。給予學生差異化的鷹架學習（如思考單）。理解語詞的提問設計很重要，可搭配 ppt，除了先跟學生分享外，可聚焦釐清。在每堂課結束後，請學生反思該堂課的學習。加入學生學習監控歷程。

- 重要的事：學生的預習很重要。老師對學生程度的掌握及知道引導或說明的時間點很重要。

回顧與省思

　　九年一貫課程實施後，教師必須從課程的執行者轉換為課程的設計者，被動學習者也要轉換成主動的研究者，教師進修研習者轉換成專業教學發展者，知識的傳授者轉換成能力的引發者（饒見維，1999）。換言之，教師專業應是一個持續性的動態歷程（孫志麟，2005；丁一顧、鄒鈺萍，2007），無庸置疑。

　　這個故事以十幾位教師所組成的語文學習社群為軸，敘說了共

同備課的發展歷程，於斯，簡述共同備課的五個步驟，分別是：

1. 定向與定位，凝聚教學觀點共識；

2. 雛型與輪廓，產出單節教學的初稿；

3. 串連與修改，連貫各節教學的脈絡；

4. 整併與精修，統合整體設計的語言；

5. 檢視與補遺，確認全課的教學目標。

此外，備課的模式架構整理如下：

1. 進行文本分析——(1) 先整體後局部；(2) 先內容後形式；

2. 釐析教學重點——(1) 從模糊到清晰；(2) 從項目到細節；

3. 建構教學流程；

4. 備妥相關配套——備教材、備教法、備學生、備作業；

最後，付諸公開教學與實踐，收納回饋與省思修正。

　　本次的跨校社群共同備課，乃由資深語文輔導員為代表的核心教師，帶領一群國小現職教師進行國語文共同備課，此歷程引發了諸多反思。首先，我們發現**「共同備課」是需要被教導的**，甚至是需要在資深教師帶領下「做中學」的。未來應該著重領域學科的共同備課歷程如何被看見，以形成基本的備課模式，作為其他社群學習的對象。

　　其次，教師們在歷程中，透過共同備課形塑共同語言，不僅相

互學習，更要思考如何保有或調整自我原先固有的觀念及作法。此外，每次會議應該都要「有備而來」，甚至在會議之初，即預定未來一學期共同備課的時間，也訂下每次共同備課的共同目標，才容易聚焦話題，深入探究。最後，在本次歷程中，原以為內圈核心夥伴（備課示範者），由於較多時間對談，可以學習最多；其實，在外圈觀摩學習的教師，於共同備課的過程中，即使沒有直接的參與設計，透過聆聽、偶發的交流，往往也會默默調整他們原本的教學觀念與作法，甚至也無意間提醒這些資深語文教師較易忽略的細節。雖然，我們的收穫與省思各有所異；然而，在這歷程中，透過不斷的思考與討論，也各取所需。「互助共享，齊步精進」，應該是教師學習社群共同備課最核心的精神吧！

公開教學：展現閱讀教學專業

　　公開教學是展現教師專業的重要途徑之一，也是揉合教學技術與藝術的重要平臺。

　　建議每兩個月至少公開教學一次，可以確保自己對教學的敏感度與自信心。

　　公開教學的思考重點如下：

　　(1)國語文教學與閱讀教學的關係？兩者的差異何在？

(2)請思考閱讀理解教學、讀寫結合教學與閱讀理解策略這三者
　　的優先順序？

(3)上述三者的順序，會因不同年段而有不同「順序」或「比例」
　　嗎？

經由以上的思考釐清後，即可參考教師公開課前的說明課，或實際的教課過程，思辨任課教師此節的教學取向與重點為何者，再進行個人的反思與檢討。

如何觀課與評課？

公開教學，也就是所謂的公開課，公開課觀課的目的是為了教師的學習與思考，可採用下表輔助記錄。三軌觀課表是指同步進行「教師的教學作為」與「學生的反應」的記錄，在記錄之時，若有相關想法閃現，則於「我的學習與思考」提出回饋與反思。二軌觀課表則是用更簡單的事實與想法，來記錄觀課者的學習。

表 7-5　三軌觀課表

教師的教學作為	學生的反應	我的學習與思考
1. 2. 3.	1. 2. 3.	1. 2. 3.

表 7-6　二軌觀課表

教師的教學作為	我的學習與思考
1. 2. 3.	1. 2. 3.

整體回顧與反思

1. 教學活動設計擺一旁。整堂課下來，我學習到什麼？（學生學習）

2. 教師透過什麼方法讓我學到？（教學方法）

3. 教師以理解內容為主？還是方法領略為主？還是進行讀寫結合？（教學重點）

4. 教學過程中，有沒有什麼令我印象深刻的內容、觀點或方法？（創新創意）

5. 教學過程中，有沒有想到其他可能更佳的引導方式？（多元方法）

6. 教師如何知道學生是否「習得」本課教學重點？（評量展現）

一則小小故事

話說，很久很久以前，15 歲的小菊第一次從外島馬祖離鄉。搭了二天二夜的船，在基隆碼頭上了岸，「那是什麼？」、「那又是什麼？」小菊睜大了眼。對臺灣的各式事物都充滿濃濃的興趣……

說時，一陣隆隆的聲音，吸引她的注意。長長方方的房子，竟然在移動耶！小菊問旁邊同來的同學：那是什麼？同學也張著眼，說不出話來……

突然間，小菊懂了，小聲的說：「臺灣果然進步繁榮——房子竟然會移動！這樣要去哪都不是問題了！」

後來，小菊才知道，那原來是一列駛出基隆車站的火車……

雖然，

人生，是由不斷添加的經驗與知識堆疊而成的，

但，其實你不必事事親身經歷，

透過閱讀，

可以助你敞開世界的窗門，

像任意門般，

體會多樣奇妙而美麗的人生……

Berry, B., Johnson, D., & Montgomery, D. (2005), The power of teacher leadership, *Educational Leadership, 62*(5), 56-60.

Bugg, J. M., & McDaniel, M. A. (2012). Selective benefits of question self-generation and answering for remembering expository text. *Journal of Educational Psychology, 104*(4), 922-931. doi: 10.1037/a0028661

Ciardiello, A.V. (2003). "To wander and wonder": Pathways to literacy and inquiry through question-finding. *Journal of Adolescent & Adult Literacy, 47*(3), 228–239.

DuFour, R., DuFour, R. B., & Eaker, R. (2008), Revisiting professional learning communities at work: New Insights for improving schools, Bloomington, IN: Solution Tree.

Duke, N. K., Pearson, P. D., Strachan, S. L., & Billman, A. K. (2011). Essential elements of fostering and teaching reading comprehension. *What research has to say about reading instruction, 4*, 286-314.

Dwyer, E. J. (2007). Enhancing Comprehension Competencies Through Questioning. *Illinois Reading Council Journal, 35*(3), 10-13.

Fordham, N. W. (2006). Crafting questions that address comprehension strategies in content reading. *Journal of Adolescent & Adult Literacy, 49*(5), 390-396.

Harvey, S., & Daniels, H. (2009). *Comprehension and collaboration: Inquiry circles in action.* Portsmouth, NH: Heinemann.

Harvey, S., & Goudvis, A. (2013). Comprehension at the Core. *The Reading Teacher, 66*(6), 432-439.

Hervey, S. (2006). Who asks the questions? *Teaching preK–8, 37*(1), 68–69.

Keene, E. O., & Zimmermann, S. (2013). Years Later, Comprehension Strategies Still at Work. *Reading Teacher, 66*(8), 601-606. doi: 10.1002/trtr.1167

Kruse, S. D., Louis, K. S., & Bryk, A. (1995). *An emerging framework for analyzing school-based professional community.* In K. S. Louis & S. D. Kruse (Eds.), Professionalism and community: Perspectives on reforming urban schools (pp.23-42). Thousand Oaks ,CA: Corwin.

Lee, V. E., Smith, J. B., & Croninger, R. G. (1995). *Understanding high school restructuring effects on the equitable distribution of learning mathematics and science*. Madison, WI: Center on Organization and Restructuring of Schools.

Lohfink, G. (2012). Promoting Self-Questioning Through Picture Book Illustrations. *The Reading Teacher, 66*(4), 295-299.

Parker, M., & Hurry, J. (2007). Teachers' Use of Questioning and Modelling Comprehension Skills in Primary *Classrooms. Educational Review, 59*(3), 299-314.

Peterson, D. S., & Taylor, B. M. (2012). Using Higher Order Questioning to Accelerate Students' Growth in Reading. *Reading Teacher, 65*(5), 295-304.

Prado, L., & Plourde, L. A. (2011). Increasing Reading Comprehension through the Explicit Teaching of Reading Strategies: Is There a Difference among the Genders? *Reading Improvement, 48*(1), 32-43.

Roberston, A. (2007). Development of shared vision: Lessons from a science education community collaborative. *Journal of Research in Science Teaching, 44*(5), 681-705.

Sergiovanni, T.J. (2006). *The principalship: A reflective practice perspective (5th.ed.)*. MA: Ally and Bacon.

Sterzik, A. M., & Fraser, C. (2012). RC-MAPS: Bridging the Comprehension Gap in EAP Reading. *TESL Canada Journal, 29*(2), 103-119.

Sturko, P. A., & Gregson, J. A. (2009). Learning and collaboration in professional development for career and technical education teachers: A qualitative multi-case study. *Journal of Industrial Teacher Education, 43*(3), 34-60.

Walsh, B. A., & Blewitt, P. (2006). The effect of questioning style during storybook reading on novel vocabulary acquisition of preschoolers. *Early Childhood Education Journal, 33*(4), 273-278.

Weinstein, Y., McDermott, K. B., & Roediger, H. L., III. (2010). A Comparison of Study Strategies for Passages: Rereading, Answering Questions, and Generating Questions. *Journal of Experimental Psychology: Applied, 16*(3), 308-316.

丁一顧（2008）。教師專業發展評鑑實施的另類選擇──共同備課與觀課。**教育研究月刊，167**，36-46。

丁一顧（2012）。教師專業學習社群運作的核心：以學生學習為本。**教育研究月刊，215**，5-16。

丁一顧（2014）。教師專業學習社群之調查研究：「關注學生學習成效」為焦點。**課程與教學，17**(1)，209-232。

丁一顧、鄒鈺萍（2007）。教師專業成長三部曲—共同備課、觀課與省思。**教師天地，151**，23-29。

王珩等（2008）。**國語文教學理論與應用**。臺北市：洪葉。

王萬清（1997）。**國語科教學理論與實際**。臺北市：師大書苑。

何三本（2002）。**九年一貫語文教育理論與實際**。臺北市：五南。

吳元芬（2013）。學習‧合作‧支持‧共享—從語文社群談教師專業學習社群。**師友月刊，552**，55-59。

吳明烈（2011）。**組織學習與學習型學校**。臺北市，高等教育文化事業有限公司。

林于弘、林曉芳（2005）。**國小級任教師對作文教學觀念態度之調查研究——《傳承與變革》**，94年度地方教育輔導叢書（頁287-314）。臺北市：國立臺北教育大學。

林新發、王秀玲、鄧珮秀（2007）。我國中小學師資培育現況、政策與展望。**教育研究與發展期刊，3**（1），頁57-79。

香港教育局（2012a）。*小學校本課程發展-探討共同備課*。取自
http://www.edb.gov.hk/tc/edu-system/primary-secondary/applicable-to-primary-secondary/sbss/school-based-curriculum-primary/our-work/collaborative-lesson-planning/p1.html

香港教育局（2012b）。*中國語文教育學習領域課程指引(小一至中三) 示例十九：研究及發展(種籽)計畫（2001/02）—在小學中國語文中加強文學學習元素*。取自
http://www.edb.gov.hk/tc/curriculum-development/kla/chi-edu/curriculum-documents/kla-ex19.html

香港教育局（2012c）。*共同備課的發展歷程*。取自
http://www.edb.gov.hk/tc/edu-system/primary-secondary/applicable-to-primary-secondary/sbss/school-based-curriculum-primary/our-work/collaborative-lesson-planning/p2.html

孫志麟（2005）。跨越科層：學校組織對教師自我效能的影響。**國立臺北師範學院學報：教育類，18**(1)，29-61。

高博銓（2008）。學校學習社群的發展與挑戰。**中等教育，59**(4)，8-20。

張新仁、王瓊珠、馮莉雅（2010）。中小學教師專業學習社群--同路偕行、攜手合作、關注學習、師生雙贏。**教師天地，169**，20-26。

張新仁、王瓊珠、馮莉雅編（2009）。**中小學教師專業學習社群手冊**。臺北市：教育部。

教育部（2003）。**國民中小學九年一貫課程綱要**。臺北市：教育部。

教育部（2011）。閱讀理解文章與試題範例。臺北市：教育部。

教育部（2012）。閱讀理解－問思教學手冊。臺北市：教育部。

許育健（2011）。**國語文教科書內容設計之研究～以臺灣、中國、香港、新加坡為例**（未出版之博士論文）。國立臺灣師範大學，臺北市。

郭進隆譯（1994），Peter Senge 原著。**第五項修煉**。臺北市：天下文化

陳弘昌（2001）。**國小語文科教學研究**。臺北市：五南。

陳正治（2008）。**國語文教材教法**。臺北市：五南。

陳益興（2006）。我國師資培育政策發展趨勢。**載於國立臺北教育大學教育學院暨教育政策與管理研究所**（主編），95 學年度全國大學教育學院院長聯席會議暨教育政策研討會會議記錄（頁 6-28）。臺北市：國立臺北教育大學。

湯才偉（2004）。**集體備課和觀課與學校改進的關係**。香港：香港教育研究院。

盧秀琴、柯琳耀、洪榮昭（2009）。運用社區資源實施 5Why 鷹架式提問教學活動。**教育實踐與研究，22(2)**，1-32。

羅秋昭（2007）。**國小語文科教材教法**。臺北市：五南。

譚彩鳳（2011）。有效能教師學習社群之發展：香港個案研究。**教育研究與發展期刊，7(2)**，213-246。

饒見維（1999）。**教師專業發展—理論與實務**。臺北市：五南。

國家圖書館出版品預行編目資料

高效閱讀：閱讀理解問思教學 / 許育健作.
　-- 初版. - 臺北市：幼獅, 2015.06
　　面；　公分. -- （工具書館；4）
　ISBN 978-957-574-995-8 （平裝）

1.漢語教學 2.閱讀指導 3.中小學教育

523.311　　　　　　　　　　104003697

• 工具書館004 •

高效閱讀：閱讀理解問思教學

作　　　者＝許育健
出　版　者＝幼獅文化事業股份有限公司
發　行　人＝李鍾桂
總　經　理＝王華金
總　編　輯＝林碧琪
主　　　編＝沈怡汝
編　　　輯＝張家瑋
美術編輯＝李祥銘
總　公　司＝(10045)臺北市重慶南路1段66-1號3樓
電　　　話＝(02)2311-2832
傳　　　真＝(02)2311-5368
郵政劃撥＝00033368

印　　　刷＝祥新印刷股份有限公司　　幼獅樂讀網
定　　　價＝280元　　　　　　　　　http://www.youth.com.tw
港　　　幣＝93元　　　　　　　　　幼獅購物網
初　　　版＝2015.06　　　　　　　http://shopping.youth.com.tw/
七　　　刷＝2021.08　　　　　　　e-mail:customer@youth.com.tw
書　　　號＝916107

行政院新聞局核准登記證局版臺業字第0143號

幼獅文化公司／讀者服務卡／

感謝您購買幼獅公司出版的好書！
為提升服務品質與出版更優質的圖書，敬請撥冗填寫後（免貼郵票）擲寄本公司，或傳真（傳真電話02-23115368），我們將參考您的意見、分享您的觀點，出版更多的好書。並不定期提供您相關書訊、活動、特惠專案等。謝謝！

基本資料

姓名：＿＿＿＿＿＿＿＿＿＿＿＿＿＿＿＿先生／小姐

婚姻狀況：□已婚 □未婚　職業：□學生 □公教 □上班族 □家管 □其他

出生：民國＿＿＿＿＿年＿＿＿＿＿月＿＿＿＿＿日

電話：（公）＿＿＿＿＿＿（宅）＿＿＿＿＿＿（手機）＿＿＿＿＿＿

e-mail：＿＿＿＿＿＿＿＿＿＿＿＿＿＿＿＿＿＿＿＿

聯絡地址：＿＿＿＿＿＿＿＿＿＿＿＿＿＿＿＿＿＿

1.您所購買的書名：**高效閱讀：閱讀理解問思教學**

2.您通常以何種方式購書?：□1.書店買書　□2.網路購書　□3.傳真訂購　□4.郵局劃撥
（可複選）　　□5.幼獅門市　□6.團體訂購　□7.其他

3.您是否曾買過幼獅其他出版品：□是，□1.圖書　□2.幼獅文藝　□3.幼獅少年
□否

4.您從何處得知本書訊息：□1.師長介紹　□2.朋友介紹　□3.幼獅少年雜誌
（可複選）　□4.幼獅文藝雜誌 □5.報章雜誌書評介紹＿＿＿＿＿報
□6.DM傳單、海報　□7.書店　□8.廣播(　　　　)
□9.電子報、edm　□10.其他＿＿＿＿＿＿＿＿

5.您喜歡本書的原因：□1.作者　□2.書名　□3.內容　□4.封面設計　□5.其他

6.您不喜歡本書的原因：□1.作者　□2.書名　□3.內容　□4.封面設計　□5.其他

7.您希望得知的出版訊息：□1.青少年讀物　□2.兒童讀物　□3.親子叢書
□4.教師充電系列　□5.其他

8.您覺得本書的價格：□1.偏高　□2.合理　□3.偏低

9.讀完本書後您覺得：□1.很有收穫　□2.有收穫　□3.收穫不多　□4.沒收穫

10.敬請推薦親友，共同加入我們的閱讀計畫，我們將適時寄送相關書訊，以豐富書香與心靈的空間：
(1)姓名＿＿＿＿＿＿e-mail＿＿＿＿＿電話＿＿＿＿＿
(2)姓名＿＿＿＿＿＿e-mail＿＿＿＿＿電話＿＿＿＿＿
(3)姓名＿＿＿＿＿＿e-mail＿＿＿＿＿電話＿＿＿＿＿

11.您對本書或本公司的建議：

10045　臺北市重慶南路一段66-1號3樓

幼獅文化事業股份有限公司

....
請沿虛線對折寄回

客服專線：02-23112832分機208　　傳真：02-23115368
e-mail：customer@youth.com.tw
幼獅樂讀網http：//www.youth.com.tw
幼獅購物網http://shopping.youth.com.tw/